诗意语文
系列丛书

诗心诗意
观十二位名师课堂 ①

总 主 编　董一菲
本书主编　刘 亚

西苑出版社
XIYUAN PUBLISHING HOUSE

图书在版编目（CIP）数据

诗心诗意观十二位名师课堂.①/董一菲主编.-- 北京：西苑出版社，2018.7
ISBN 978-7-5151-0689-2

Ⅰ.①诗… Ⅱ.①董… Ⅲ.①中学语文课—课堂教学—教学研究 Ⅳ.①G633.302

中国版本图书馆 CIP 数据核字 (2018) 第 129562 号

诗心诗意观十二位名师课堂①
SHIXIN SHIYI GUAN SHIERWEI MINGSHI KETANG ①

出 品 人	赵　晖
责任编辑	康志刚　辛小雪
责任印制	陈爱华
责任校对	刘　娟
书装设计	徐慧芳
出版发行	西苑出版社
通讯地址	北京市朝阳区和平街 11 区 37 号楼　邮政编码 100013
电　　话	010-88636419　传　真 010-84281520
	E-mail　xiyuanpub@163.com
印　　刷	北京文昌阁彩色印刷有限责任公司
经　　销	全国新华书店
开　　本	841×1189 毫米　1/32
字　　数	155 千字
印　　张	9.75
版　　次	2018 年 7 月第 1 版
印　　次	2018 年 7 月第 1 次印刷
书　　号	ISBN 978-7-5151-0689-2
定　　价	54.00 元

（凡西苑版图书如有缺漏页、残破等质量问题，本社邮购部负责调换）

版权所有　翻印必究

序

汉语是诗性的,语文原本诗意,诗意是语文的自然属性。孩子的年华与心灵也是一首诗。教育超越功利直指灵魂,是诗意的事业,文学与艺术甚至课堂到达某种境界都会闪烁诗的光芒。所以,诗意语文是情怀,是境界,是语文教育的宏大而又精微的属性。诗意的人生是一种追求。作为一位教师,要以诗意为天,以理性为壤,通过诗意的语文教学实践,让学生在诗意的语文学习中,达成诗意的成长,进而学会诗意地生活,为诗意人生奠基。

诗意语文的课堂是诗意氤氲的圣殿,是优雅美丽的合集。它顺乎文理,顺乎自然,顺乎纯真。听从一切生命的召唤,倾听人性人情的声响,洋溢着文学气、书卷气和强烈的文化认同感、归属感,从而在语文的诗意中升腾出高贵的品格与尊严。

叶嘉莹先生说:"诗就是人心的苏醒,是离我们心灵本身最近的事情,是从平庸、浮华与困顿中,醒过来见到自己的真身,真身就是自我。"我曾经这样解读"诗意语文",她就是一粒精神的种子,能塑造孩子人生的诗意美好,而这粒种子更让语文老师们找到了人生的诗意美好。

诗意是我永远的追求与向往,在这条追求的路上,集结越来越多的语文同道,追求着我的追求,执着着我的执着。

我的"诗意语文工作室"成立时间并不长,短短两年多,从形单影只一个人,到闻讯而来的几十人,到呼朋唤友、知音相觅的一二百人,最后到人员满聚的五百人,另有诗心拳拳于预备群中孜孜以求的近百人。这种由量变到质变、最终飞跃式的发展,足见当代语文教师对诗意教学、诗意栖居的追求与渴望。工作室这个小小的微信平台,以开放包容的姿态,集聚了天南海北近700位诗意语文人,覆盖全国22个省、4个直辖市、5个自治区(目前只有港澳台的语文教师缺席)。这里有由38位大学教授、特级教师、省市著名教研员组成的工作室特聘导师团队做引领,还有600余位全国语文才俊做支撑,共同践行诗意语文的理念,打造语文的诗意空间。

工作室活动的创建与参与全都是工作室成员的自动、自发、自觉的行为。在这种自动自觉下,热爱诗意语文的老师们,迸发出了令人赞叹不已的热情和创造力,诸多有热情有能力有担当的青年才俊纷纷涌现,群策群力,短时间内就推出了"诗意语文讲坛"等22个栏目,有层次、有特色,立体全方位服务教研与教学。

"读万卷书、行万里路",工作室将苦练内功与游学送课相结合,力求打造知行合一的成长空间,诗意语文人勇于实践,不断超越自我。2017年3月,我曾应湖南永州宁远教育局之邀,携工作室群主张茵、坛主王青生送课宁远;2016年、2017年全国高中语文教师基本功两届大赛共40人左右随赴赛场,他们各展英姿,在交流学习中迅速成长成熟。一个个比赛成绩和岗位业绩,都让我看到了诗意语文人蓬勃的生命力与高昂的进取意识。他们充满理想,富有朝气,以一种永不停歇的成长态势活活泼泼地工作着、生活着。

就是这样的诗意语文人,以一种对文字文化文明的虔诚,书写着、追寻着。两年的时间里,有30余人次在《语文学习》等核心期刊上发表论文。同时,还撰写了《高中语文经典篇目同课异构与点评》等近30本书。

我震惊于他们强大的执行力与爆发力,更欣喜于他们孜孜以求、充满创新的精神力量。他们都是诗意的创造者、承继者、传播者,播洒诗意、播洒美丽、播洒心灵的光辉。

而今,在诗意语文思想与实践的热烈芬芳之时,"诗意语文系列丛书"的约稿征集,让工作室老师群情鼎沸,将思想流淌笔端,让文字传递诗情,是诗意语文人笔耕不辍的原动力。语文核心素养有四个元素:语言结构与应用、思维发展与提升、审美鉴赏与创作、文化传承与理解。诗意语文围绕这四个维度展开,丛书也围绕这四个维度阐述并将全方位展示诗意语文人的从教之思、施教之意、善教之美。

每一种独特的语言表达方式都是其思维的路向与生命体验的精神符号。正因如此,"诗意语文系列丛书"更具有文学气质。它渗透个人的理解,表达个人的情趣和品味,浸染独特的感觉体验和情感,点燃与激活诗性思维与生命激情,凝结成无形的精神气质。它呈现出一种浪漫主义和精神向度,以语文的高贵姿态,传递美的信念。

坚守汉语的诗性,激扬文化的自信,唤醒生命的诗意,点燃职业的激情,丰盈审美的灵魂,领略语文教学的诗意,探究语文的本源。诗意语文愿与更多语文人携手,于有限的语文教学空间,开拓无限的语文教学长路。

路漫漫其修远,诗意相伴,吾道不孤。语文之道,在体悟、在实践、在交流、在思考、在阅读、在勤奋。道在何方,在笔头、在脚下、在心上。

董一菲

前　言

我们学习名师的课堂实录究竟学习什么？这是本书想要回答的问题。

普通老师总是渴望学习名师，汲取成功的经验。学名师最直接的方法就是观看名师的课堂实录，获取观课最直观的感受，尤其是名师的教学流程和文本解读的角度更容易被老师们模仿。

我们也经常发现，一些老师直接仿照某名师的教学设计，上课获得好评，甚至某些名师的教学设计反复出现在各级各类的教学评比中。但是，普通老师学习名师仅仅是为了模仿吗？如何通过名师的这一篇教学实录、这一课的教学技艺，去观察感知名师的教学态度、教育追求？我们如何超越模仿，由教学方法到达教学艺术，直抵教育灵魂？

所以，这本书不仅是名师的教学实录和教师的观课感受，也是对教学艺术的探讨，是对教育本质的追求，是一场心灵的对话。

本书收录了12位名师的13个课堂实录，其中董一菲老师的《涉江采芙蓉》、连中国老师的《梦游天姥吟留别》、王君老师的《木兰诗》、张玉新老师的《李清照词两首》均属于古诗词教学。

董一菲老师打通文学史的宏大脉络，诗意地引导和评价，彰显着浓浓的诗意语文的魅力。连中国老师与文本对话，与学生对话，使人流连于荡气回肠的课堂氛围。王君老师设计精巧，文本解读富有生活气息，让人感受到青春语文的蓬勃活力。张玉新老师返璞归真、细腻自然，彰显出长者的平易、智慧、沉稳、大气。他们的教学主张不同，教学风格各异，但对古诗词教学的理解却精准独到。

黄厚江老师的《阿房宫赋》和任玲老师的《归去来兮辞》属于文言文教学。

黄厚江老师大道至简、本色和谐，文言、文章、文学、文化四个层面逐渐推进、层层深入，浑然天成。任玲老师大胆修改设计，实则铺垫渗透，使经典文本焕发出经典而又别样的光彩。他们对文本属性和文字的准确把握令人叹服。

曹勇军老师的《葡萄月令》、丁卫军老师的《背影》属于散文教学。

曹勇军老师用朴素的教学方法引领学生读出了一个"朴

素到了极点的田园诗",意蕴深刻、功力深厚。丁卫军老师深情的分享、智慧的交流,简约的流程、扎实的指导,简约语文闪耀着动人的华彩。两位老师的文化与情感品位再现了经典名篇的精髓。

肖培东老师的《美丽的颜色》属于传记教学,他细致的思考与细腻的指导,使学生直达居里夫人的灵魂,"浅浅地教语文"教出来的是天然,是真情。

尤立增老师的《胡同文化》属于小品文教学,他由小及大,用小品文、小胡同感知大世界、大文化,广博的视野带给人无尽的文化思考。

邓彤老师的《宝玉挨打》属于小说教学,课堂上素读细品,扣住文体,他大开大合的课堂组织、平等探讨的对话空间引发观课者关于教育本位的思考。

肖培东老师的《好久不见》和余党绪老师的《关于"道德绑架"的作文教学》均属于作文教学。

肖培东老师五分钟的备课,切中学生的作文,关照学生的生活,引导他们表达出最真实的感受,带给观课者心灵的震动。余党绪老师将作文教学的目光伸向最真实、最复杂、最需要思考的社会热点事件,引导学生关注生活、反思自我,让学生在思辨中读写。他们引导学生关注现实生活,抒发真感情真见解，求真的精神令人佩服。

这些课堂实录都是名师们的代表作，体现了他们的教学主张和教育追求。品味他们的课，带来的是思想的涤荡：文本解读既要观照文体，更要观照文学、文化和人性，解读的边界就是教学的边界；教学方法的立足点永远在学生那一边，学生既是教学的起点，也是教学的终点；教学不只有技术，更是艺术，它如风似雨，沐浴心田……

品味的过程是辛苦而又甜蜜的！

本书编写团队的作者来自四面八方，汇集了全国各地46名优秀的语文人，他们是诗意语文的追随者和当地语文教育的引领者。他们不惧春节的忙碌，放弃了寒假的休息时间，积极自愿报名，两天的时间里，名额爆满，足见诗意语文的品牌效应和名师们的影响力。

写作期间，大家读书、观课、研讨、写作、修改。鼓励声、赞叹声、反思声、讨论声，声声入耳；写稿事、交稿事、编辑事、健康事，事事关心。每个写作个体组成一个观课共同体，每个观课共同体又构成一个写作大集体，大家不仅是为自己的个人成长悟课写作，更是为了一个共同的梦想和追求思考表达。因为有了这样的理想，我们可以反复修改，几易其稿，可以直言不讳，真心探讨，在这寒冬时节，让人心生暖意。

尤其是五位副主编，他们事务繁忙却不辞辛苦，无论是书名的确定、样张的撰写，还是作者的招募、书籍的定稿，我们一起商讨，一起决定，参与其中，收获的不仅是教学感悟，还有一份沉甸甸的友谊。

教育教学的追求永无止境，名师的教学艺术和教学思想值得我们一品再品，品悟的过程就是修行的过程。阅读本书，希望带给老师们不一样的观课体验。

刘　亚

目 录

1 董一菲老师《涉江采芙蓉》课堂实录与研究

《涉江采芙蓉》课堂实录　　董一菲　　　　　　2

诗意课堂，美丽绽放　　董亚君　　　　　　　32

诗意课堂看诗心，他山之石可攻玉　　张艳　　37

诗意的课堂，满满的幸福　　付超　　　　　　42

品董一菲老师《涉江采芙蓉》有感　　张艳艳　48

2 连中国老师《梦游天姥吟留别》课堂实录与研究

《梦游天姥吟留别》课堂实录　　连中国　　　52

以"人"为本，其华灼灼　　杜红剑　　　　　77

让课堂焕发勃勃生机　　张书丽　　　　　　　83

"三气"构建生命课堂　　周虹　　　　　　　89

体验、思考、唤醒　　樊成龙　　　　　　　　94

3 王君老师《木兰诗》课堂实录与研究

《木兰诗》课堂实录　　王君　　　　　　　　　100

教法就是活法　　刘亚　　　　　　　　　　　　137

构建一个三维立体语文课堂　　赵彦辉　　　　　141

讲读写结巧设计，步步为营有厚度　　王泽宾　　145

当青春走过课堂　　余卫华　　　　　　　　　　151

4 张玉新老师《李清照词两首》课堂实录与研究

《李清照词两首》课堂实录　　张玉新　　　　　158

问渠哪得清如许，唯有源头活水来　　楚丽娜　　178

本色写意，个性解读　　王建红　　　　　　　　183

平易、智慧共勉，大气、细腻共存　　王晶　　　189

师生切磋琢磨，共建诗意课堂　　刘艳梅　　　　194

5 黄厚江老师《阿房宫赋》课堂实录与研究

《阿房宫赋》课堂实录　　黄厚江　　　　　　　200

大道至简，返璞归真　　田俊　　　　　　　　232

浑然天成，妙趣横生　　尹梅　　　　　　　　237

本色和谐　　方东航　　　　　　　　　　　　241

严守学生立场：共生教学课堂之"道"　王立诚　246

6　任玲老师《归去来兮辞》课堂实录与研究

《归去来兮辞》课堂实录　　任玲　　　　　　252

"经典语文"的经典范例　　王国敏　　　　　　280

用经典滋养生命　　张艳艳　　　　　　　　　284

亦剑亦气，剑气合一　　张萍　　　　　　　　288

此日中流自在行　　王敏锐　　　　　　　　　293

董一菲老师《涉江采芙蓉》课堂实录与研究

《涉江采芙蓉》课堂实录

【执教】黑龙江省牡丹江市第二高级中学　董一菲

【上课时间】2017 年 7 月 30 日

【上课地点】河北省保定市徐水第二中学

一、解　题

师：好，孩子们，上课！

生：老师好！

师：来，孩子们，看黑板，《涉江采芙蓉》几个字？

（出示幻灯片一）

涉江采芙蓉

生：（一女生自信大方地回答）五个字。

师：（会心一笑）这叫几言诗？

生：（自信地回答）五言诗。

师：（老师欣喜地赞叹）非常好，五言诗。我国是诗歌的王国，从诗经、楚辞、汉赋，一直到晚清的龚自珍，这样一条长长的诗歌的河流里，五言诗出场，是一个时代的标志；五言诗达到成熟，是一个朝代的终结。这个朝代应该是哪一个朝代呢？猜猜看。

（学生思考）

师：（循循善诱地进一步引导）四言诗是《诗经》的时代，五言诗在哪个时代绚烂风华？我再提示同学们，唐朝是七言诗的王国，往前推，孩子们！

生：（略显犹豫地齐答）汉朝。

师：（深情地望着学生）对。

张艳悟课： 没有哪种文学样式能够甩掉时代的烙印。一菲老师在历史的纵深中看诗歌，在诗歌的嬗变中看五言诗，在五言诗的时代背景中看《古诗十九首》，在《古诗十九首》的大语境下看《涉江采芙蓉》。这样的导语，思接千载，大气、厚重，太富有张力了。

师：孩子们再来看题目《涉江采芙蓉》——芙蓉是什么？可以说说芙蓉其他的名字吗？它也许叫？

师：（亲切地说）来，宝贝。

（女生还在思考中未回答）

师：没关系，孩子，观察大屏幕：

张艳艳悟课："不学诗，无以言"，诗歌赏析历来是难点。一菲老师的这节诗歌教学极具研讨价值，为我们提供了通过"个体文本"学习"这类"的范本，同时教我们思考：构建思维比教会学生答题模式更重要。美的诗名、美的文、美的老师。一菲老师和蔼可亲，曲问而入，学生而思。五个字五言诗，《诗经》四言，《唐诗》七言，谁五言？曲引而出，学生有得。师音本美，师容本悦。老师对学生的目光尤其重要。期待、希望、相信的目光会唤起学生在课堂的全面开发和生成。

（学生观察PPT上的图画，陷入思考）

师：（语气中满含鼓励地引导）同学们，听说我们离白洋淀也很近，看到第一张幻灯片中的花了吗？

生：（一女生自信地回答）荷花。

师：（目光深情地配合眼神和学生交流）还可能叫？在江南它是美的节日，是爱情的节日，是花的节日，江南可采什么？

生：（微笑地回答）江南可采莲。

师：对，芙蓉也叫莲。请同学们齐读诗题。

生：（学生兴趣盎然地齐读）《涉江采芙蓉》。

（出示幻灯片二）

芙蓉

莲

荷花

师：（微笑地进一步引导）同学们感受一下："涉江采芙蓉"，芙蓉也叫荷花、莲，它传达某种情感，某种信息。诗人不说"涉江采莲花""涉江采荷花"，偏偏要说"涉江采芙蓉"呢？

（生静静思考）

师：（满怀期待进一步引导）孩子们接着看，在古诗词中，它无数次出现。（关切地问学生）孩子们能不能看见黑板？

能不能?

生:(齐声回答)能!

师:好,依次传麦克,孩子们一人一句读下去。

(出示幻灯片三)

叶上初阳干宿雨,水面清圆,一一风荷举。

三秋桂子,十里荷花。

山有扶苏,隰有荷华。

制芰荷以为衣兮,集芙蓉以为裳。

江南可采莲,莲叶何田田。

《芙蓉女儿诔》

采莲南塘秋,莲花过人头。低头弄莲子,莲子清如水。

(生每人依次读一句,老师及时给予鼓励评价)

生:山有扶苏……(因不认识"隰"字,停顿了)

师:(教师根据汉字造字特点循循善诱地讲解)这个字,大家看,我先说读音,它读"xí"。"山有扶苏,隰有荷华",山上有桑树,我们农耕的民族对桑、对蚕有种深情。猜猜看,看偏旁,这个字会表示什么?汉字有表情,有温度,我们这是表意的文字。方块字里有太多的文化，太多的情感。这个字下面有四个点，表示它……

生：（一男生自信地回答）与火有关。

师：非常好，再看它的偏旁。双耳旁表示什么？这是一种暗示，暗示它在大地的？

生：表示它在边上。

师：很好，大地的边缘，它表示"水岸"。孩子们回答得非常好，特别有想象力。

张艳悟课：仓颉造字，天雨粟，鬼夜哭，民智开启。美丽的中文，表意的方块字，承载着我们祖先的想象，承载着情感，承载着文化。一菲老师不是直接告诉学生"隰"字的字意，而是循着汉字的表意特征，一字解读，文化味尽出。

张艳艳悟课：关注细节至PPT上的荷花，关注自己的白洋淀荷花文化，也关注生活的文化——江南可采莲。莲文化在中华文化史上光辉灿烂，时间证明如此，空间证明亦如此。老师的词汇密集，美、爱情、花，都有了生命力。文采非凡，给学生强烈而不乏温厚的感受。如叫人的名字、号、小名一样，不同的情感不同的选择。一个标题有多种名字选择，引人深思。老师关注每个孩子的感受,是因为意识到每一个孩子都是独特而美的,这给我们以感动和启悟。

师:接下来是屈原的诗。

生:(一男生读)制芰荷以为衣兮,集芙蓉以为裳。

师:读得非常标准,为什么读"cháng",上衣为衣,下衣为裳。

师:接着全班齐读下一句。

生:(齐读)江南可采莲,莲叶何田田。

师:再下面不是一句诗,而是一个诗题,它是一种文体。最后一个字读"lěi",是祭祀的文章,是祭奠的文章,是怀古的文章,是悼念的文章,是宝玉写给晴雯的。全班一起齐读这个诗题。

生:《芙蓉女儿诔》。

师:很好,最后两句我来读:(教师深情朗读)采莲南塘秋,莲花过人头。低头弄莲子,莲子清如水。

师:孩子们,有没有一种最基本的感动,有没有一种最基本的感发?曾经的芙蓉,它叫莲,那是一份爱;曾经的芙蓉,它叫荷花,曾经十里的荷花氤氲了江南。孩子们,再回到之前的那个问题:为什么不叫"涉江采莲花""涉江采荷花",而叫"涉江采芙蓉"?这首诗它有可能传达着什么样的情感?

生:(一男生大方地说)我觉得莲花、荷花代表美好的事物,而这首诗不是特别美好。

(台下老师被学生的真诚回答触动,发出会心微笑)

师:"不美好",是指形式不美好还是情感不美好?

生:情感。

师:你认为情感不美好的概念有可能是指什么,是指品德不高尚吗?

生:(毫不犹豫地回答)不是。

师:我懂了你的意思,他想说,也许这里面承载着的是一份悲情,语感非常强。

(生会意点头表示认可)

师:孩子们,名字非常重要。鲁迅先生在他的小说代表作《阿Q正传》里开篇用了大量笔墨解释他为什么叫阿Q,而不叫阿贵,为什么?因为名正言顺,这个名字里承载着那份沉郁,那种悲凉。任何一个名称都承载了一种情感,同一种事物的不同名称之间是有细微的差别的。

董亚君悟课：一菲老师曾在《我的诗意语文观》中说："作为语文老师，应还语文以文学，将'文学世界'引入课堂，立足文本教材，给学生一个文学的世界。"课堂中，她利用学生现场生成的答案，以《阿Q正传》中的例子引导学生走入文学的世界，以此理解：任何一个名称都承载了一种情感，同一种事物的不同名称之间是有细微的差别的。她从尴尬中捕捉契机，化平庸为精彩，使学生拥有"柳暗花明"的意外收获。也使在座的教师顿悟：教学过程要因文入境、因文造境，引领学生以课文为径，渐入诗意深处。

张艳悟课：一菲老师的课堂推进过程收放自如。进入课题后，不急于解读寄于"芙蓉"意象中的情感，却荡开一笔，由"芙蓉"至"荷花""莲"，再至涉及"荷花""莲"的诗句、文题，让学生感受荷花、莲之美好，之后回到"涉江采芙蓉"，学生感受到"芙蓉"的悲情。解题导引过程水到渠成，不着痕迹。

二、分析诗歌内容，解答"芙蓉者何，所思者谁？"

师：把书打开，谁来读一下《涉江采芙蓉》？

（一女生大胆自信举手朗读，读得感情到位、声音洪亮）

师：（深情优雅地望着学生）大家看，芙蓉是什么？芙蓉者何，所思者谁？

（出示幻灯片四）

<blockquote>芙蓉者何，所思者谁？</blockquote>

（生静静思考）

师：同学们说，刚才讲到了"芙蓉"不就是"荷花"吗，但在此我称它"芙蓉"。大家抬头看，在这里老师将"草字头"去掉，"芙蓉"二字怎么读？

生：夫容。

师：这朵花中辉映的不只是江南的莲，田田的莲，而是夫容。同学们，何谓夫容？

生：（一女生回答）远在天边的丈夫的容貌。

师：（赞叹欣喜地说）好一个"远在天边的丈夫的容貌"，从哪里读出来的？

生：所思在远道。

师：非常好！同学们，"远"是一个确定的词吗？

生：不确定。

师：陶渊明有一句诗："心远地自偏"。有多远？远是虚指，也许是在水一方的远，也许是天涯，也许是时空永远无法抵达的阻隔。

师：刚才有没有注意到一个问题，孩子们再想这首诗有作者吗？出处是哪里？

生：（一男生回答）没有作者，出自《古诗十九首》。

师：这位同学，老师想让你调动所有的聪明才智告诉我《古诗十九首》，有多少首？

生：（有点犹豫，思考后回答）十九首。

师：十九首诗，非常好。这个问题就像我曾问我的孩子们："莎士比亚十四行诗多少行？"孩子们陷入了久久的思索。十四行诗，十四行；古诗十九首，十九首。

张艳艳悟课：汉字的美在那一撇一捺，在那生命的勾勒，在那生活写意里，还在明眼发现中，"双耳旁"表示"在大地的边缘"，"武"是"止戈"，"旦"是遥远的地平线上喷薄的日出。一菲老师深爱文字，精研内髓，并择时牵引孩子们抵达文字的一座座殿堂，这也是一种思维训练，而这是学生能力提升的重要途径，也是审辨性思维的前提。意识比模式重要，她尊重孩子们的原始感受，并巧妙机智地进行迁移教学，承载情感，沉郁悲凉，取"阿Q"而不取"阿贵"，取"芙蓉"而不取"荷花"。这是语言的建构和运用，老师作为设计者、组织者和引导者，并突出了学生的主角地位。

师：同学们，《古诗十九首》作者是谁？我告诉你们——佚名。请大家看"佚"怎么写？"佚"——"单立人"加个走失的"失"，是什么意思？

生：（豁然开朗地说）不明确的意思。

师：说得非常好！作者已经散失了，相传是东汉末年文人创作的乐府诗。能告诉我乐府诗从本质上说是文人创作的还是民歌？

生：文人创作的。

师：《古诗十九首》，文人创作的乐府诗，是哪些文人？是大动荡大黑暗时代的才高八斗的曹植吗？是在血雨腥风当中上位的曹丕吗？是一夜白了头只为妻子死亡的潘安吗？难道是"洛阳纸贵"的左思吗？

生：不可能是，他们生活在魏晋时代。

师：但我可以告诉你，古诗十九首的文人们，是他们的先河。

张艳悟课： 关于《古诗十九首》的作者，一菲老师从"佚名"之"佚"字的解读切入，结合"大动荡大黑暗"的时代背景，猜想《古诗十九首》的作者可能的身份，在比较中为《古诗十九首》的作者进行了文学史的定位。《古诗十九首》的文学史价值在她的引导下，不再是枯燥没有生命力的知识，而成为汩汩流淌的文学长河中一朵美丽的浪花。这个教学环节，再次体现了她宽广的教学视野、深厚的专业积淀和循循善诱的、高超的导课艺术水平。

师：（满含深情地引导）同学们，能不能再告诉老师：芙蓉仅仅是一朵花吗？请同学们再读这首诗。

（学生齐读《涉江采芙蓉》）

师：好，同学们，芙蓉还是那个小名叫莲，又名荷的芙蓉吗？

（学生结合刚读的诗句进行思考）

师：它是谁，为什么抒情主人公要"涉江采芙蓉"？为什么"兰泽多芳草"？如果采不到芙蓉就去采芳草不是一样的吗？芙蓉者谁？

生：（一男生娓娓回答）我认为芙蓉是珍贵的文化，江是指危险的环境。

师：非常棒，芙蓉是珍贵，是珍宝。还可能？

生：（另一男生回答）我认为芙蓉是当时非常重要的人，是无人可替代的唯一。

师：是一种唯一，是天地间的一种大美。还可能是？

生：（一女生回答）老师，我也认为芙蓉是很珍贵的东西，想送给珍贵的人。

张艳艳悟课：不愤不启，不悱不发，去掉"草字头"，引导学生有了美丽的发现——"夫容"是"远在天边的丈夫的容貌"，听课观课老师未尝不豁然开朗？同理，"佚"，"单立人"走失的是什么，学生居然能推理出"珍贵""珍贵的文化"等象征意义，这是老师指引下的思维的多向和生化。而顺应积累出魏晋的众多文人的各自特色的情感知识，书卷之气弥漫课堂，这丰富的文化况味深深感染学生，也会逐渐内化为学生的探索思维能力。

师：好，孩子们，这就足矣！我们再往下看。

（出示幻灯片五）

《古诗十九首》创作于东汉末年大黑暗、大动荡、大转折时代：

盈盈一水间，脉脉不得语。——《迢迢牵牛星》

行行重行行，与君生别离。——《行行重行行》

人生天地间，忽如远行客。——《青青陵上柏》

思君令人老，轩车来何迟。——《冉冉孤生竹》

生年不满百，常怀千岁忧。——《生年不满百》

师：同学们，想要理解这些诗，必须回到那个时代。那个时代是怎样的一个时代？董老师用三个大来形容，孩子们读。

生：（大声齐读）大黑暗、大动荡、大转折。

师：同学们，好一个"大黑暗、大动荡、大转折"的时代，在这样的时代群雄割据，在这样的时代曾经三国纷争。同学们，这是政治，不是人生。人生是什么？人生是这样的："盈盈一水间，脉脉不得语。"同样是水的阻隔，"所谓伊人，在水一方"的阻隔与"盈盈一水间，脉脉不得语"是有区别的，是这样的吗？

生：（一女生回答）不是。

师：再继续想，孩子，可能我们的对话出现了问题，我们继续思考。

生：（另一女生回答）我认为有区别。

师：区别在哪里，这个水是长江吗？是黄河吗？都不是。是什么？

生：银河。

师：这水是银河，是天河。东汉所有的阻隔都化作了天河。第二句"行行重行行，与君生别离"。什么叫"行行重行行"啊？

生：（一男生回答）我觉得是艰难的路一条又一条。

师：人生如逆旅，我们不怕行走，但没有了光明，会走得多绝望！"与君生别离"，何为生？生为何？"生"是什么意思？

生：（羞涩地说）没有想好。

师：没关系，组个词帮助理解。生：活着。活着的时候就要别离。同学们，中国古典戏剧、小说都喜欢大团圆，都有一个明亮的结尾，但只有一部小说是真正的悲剧，这部小说叫——《红楼梦》。《红楼梦》的结局极具无奈：苍茫大地，白雪纷飞，宝玉披红色大氅走向永远的永远，走向雪的世界，走向离别。这是结尾，这是悲剧，这是震撼。"与君生别离"，这都是《古诗十九首》，十九首诗，同一首歌，唱出的是我们生命中最深沉的痛，唱出了最深层的无奈。"人不怕睡，人怕醒"，这是我们民族的觉醒期的歌唱。正如宗白华先生所说："魏晋时代，向外发现了山水，向内发现了自己的深情。"我们为何而活着？"涉江采芙蓉，兰泽多芳草。"下一句"采之欲遗谁？"

生："所思在远道"。

师：（满怀深情地与在座学生交流）"人生天地间，忽如远行客。"我们经常说我们是大地的主人，我们诗意地栖居，但《古诗十九首》说：不，我们是天地的？

生：行客。

师：非常好，行客。

师："思君令人老，轩车来何迟。"这里说出了我们人生当中无穷无尽的令人绝望又希望、希望又失望的一种什么？

生："思君令人老，轩车来何迟"，是一种等待。

师：是啊，等待。我在岁月的深处等你，用我的一生。

你的轩车什么时候来？也许是明天，也许今生今世永不再来。这就是《古诗十九首》，这就是东汉末年文人的诗，它替一个时代在思考，替人生在思考。我们再读。

生：（齐读）"生年不满百，常怀千岁忧。"

师："生年不满百，常怀千岁忧。"翻开《世说新语》，那个时代和东汉末年非常接近，我们听到的是一片哭声，我们听到的是一片忧愁。还记得曹孟德的诗吗？《短歌行》开篇便是？

生："对酒当歌，人生几何？譬如朝露，去日苦多。"

师："去日苦多"，"忧从中来，不可断绝"。

董亚君悟课：《高中语文课程标准》指出：高中语文课程应联系学生生活，加强语文实践，沟通古今中外，面向未来世界，提供丰富的语文营养和多向度发展的途径。一菲老师在讲授《涉江采芙蓉》时，与《上邪》对比，并通过延伸讲解"中庸之道"，注重学生课堂所学知识的迁移与内化，使学生在课堂中实现拔节成长。

张艳悟课：知人论世，以东汉末年大黑暗、大动荡、大转折的时代背景，为《古诗十九首》定下别离、忧愁、阻隔等主题基调，引用《古诗十九首》中五首诗的诗句，与《涉江采芙蓉》的离别、思念、忧愁、绝望相互参照，使《涉江采芙蓉》不再是孤篇，而具有了浓重的时代底色。一首小诗，一菲老师做到了点面结合，开合有度，收放自如，宽深兼具，情文并茂。叹服！

三、体会《涉江采芙蓉》和《上邪》情感表达上的区别

师：好，我们再想一想，刚才说道，这首诗它要表达的是什么？"芙蓉"是美好，是一朵花。它要送给谁？也许是丈夫，也许是希望，也许是生命当中一切的美好，但是太遥远了。这种情感怎么才可以表达出来？"诗以言志"，诗歌要表达一种情感，如何表达是关键。《古诗十九首》被称为五言诗之冠冕。什么叫冠冕啊？

付超悟课：阅读诗歌，大体把握诗意，想象诗歌描述的情境，体会诗人的情感，这或许是我们语文老师诗歌教学的常规！一菲老师的魅力就在于把常规的东西变得波澜起伏，引人入胜！让学生们在经典的诗歌中，在最美、最凝练，内

涵最丰富的语言中,去学习汉语,感悟文字!这不仅能陶冶学生性情,培养学生的语感,更能提高学生的审美情趣和思想内涵!

生:(一男生回答)皇冠。

师:非常好!冠冕就是指最棒最棒的表达。可老师没觉得它是最棒的表达啊,表达这样一种感情我们读起来很费解啊。为什么费解啊?我们再来看,我想让一名同学再读前四句,尝试着背下来。

(一男生起立背诵曹操《短歌行》的前四句)

师:曹操的诗很霸气,但我刚才说的是《涉江采芙蓉》的前四句。

(男生继续熟练地背诵《涉江采芙蓉》前四句)

师:(满怀欣喜赞叹道)为你骄傲,你是背着说的。

师:刚才说《古诗十九首》是五言诗的冠冕,是说它是最棒的表达。可我也没在这里找到华丽的辞藻啊?也没有找到震撼的情感啊?不就是一朵花吗?而且这朵花还没有送出去。这首诗在表达上通篇用的是什么呢?叙述、描写,还是抒情?

生：（一女生自信地回答）叙述。

师：同学们，一首诗居然全篇用叙事来表达，还被称为诗中的冠冕，我实在是不理解。我喜欢这首诗，它同样是汉代的作品。刚才我们在猜芙蓉是什么，送给谁，干什么。我喜欢下面这首诗，这首诗完全不用猜，这是爱的誓言。情书写得如此热辣，谁敢读？

张艳艳悟课： 诗歌是要吟诵更要背诵的。课堂上能当堂背诵，是检验师生所学程度的重要依据。这是"艺"到"技"的生成发生后才有的转化。"向青草更青处漫溯"，文本意义继续升华，"长"出来的诗歌，"长"出来的课堂。形象意义，画面意义，直抵心灵，直刺眼睛，或共鸣或震撼，真可谓"耳得之而为声，目遇之而成色""盈虚者如彼，而卒莫消长也"。这是"技"到"艺"的深切体现。叶圣陶先生说，教材无非是个例子，要使学生在阅读和写作上形成熟练的技能。老师带着学生也是带着观评课老师，走近时代，走进诗歌，走向心灵的深处。

（出示幻灯片六）

《上邪》

上邪，

我欲与君相知，

长命无绝衰。

山无陵，

江水为竭。

冬雷震震，

夏雨雪。

天地合，

乃敢与君绝。

生：一男生举手。

师：这位同学，对不起了，这是女孩子写给男孩子的情诗，不能让你读。

（台下老师笑声四起）

生：一女生举手朗读（读得声音洪亮，抑扬顿挫）。

师：很好，声音和自信是女性独立的宣言书，读得非常棒。让我感动的是许多古音读得很棒。邪，天哪，邪读得棒。天雨雪，雨，名作动，破音读得棒。在表达感情的时候，多么热烈，多么直爽，要我说《上邪》才是情书之冠冕。同学们，你们认为呢？这两首诗在表达感情上有什么样的区别？说出一点即可，我可以做一下提示。

（出示幻灯片七）

冷与热

浓与淡

动与静

盛装与素颜

生：（一女生用方言自信回答）《涉江采芙蓉》情感表达比较含蓄，它表示的是相思之人难以相见的一种悲情；而《上邪》直抒胸臆，它表达的是一位女子对男子的爱恋。

师：（真诚地评价）我听懂了，也就是说内容上不同：《涉江采芙蓉》有人生；《上邪》是狭窄的，只是爱情。

生：（一男生回答）我觉得《涉江采芙蓉》没有《上邪》

情感表达得激烈。

师：在这位男孩子的审美当中，隐性存在着这样的认知，我们这个民族讲究温柔敦厚，不要那么热烈的，热烈的结果太短暂了，不隽永，无法回味。好孩子，非常敏锐的审美能力。

生：（另一女生回答）我认为《涉江采芙蓉》用叙事写得平淡，平淡地写出了一件事；但《上邪》用的词语稍微华丽一点。

师：我听懂了，请坐。在这里这位同学读出了什么呢？《上邪》是直抒胸臆的抒情，甚至连抒情都不是了，而是在喊。有这样一句话是诗评家说的，我与孩子们共享，他说："汉朝以前的诗歌是长出来的，唐朝的诗歌是喊出来的，宋朝的诗歌是仿出来的。"同学们，你们认为哪一种状态最好呢？

生：长出来的状态最好。

师：（赞美地说）非常好，可以做诗评家了。孩子们继续说一说。

生：（一男生回答）我认为他们的情感态度不同：《上邪》是一种火热的，而《涉江采芙蓉》是柔美的。

师：（出口成章地说）柔美的，火热的，是吧，和我们这个民族的传统是不相接的。我们这个民族的传统是中庸之道，不道破，不多说一个字，一定要温柔蕴藉。大家看过中国武术，一个打拳的拳师绝不会把双拳都拿出，他要藏，他要隐，他要蓄势，这才是诗。把诗用蓄势的方式写出来，在中国古典诗歌当中唯有《古诗十九首》。

付超悟课：新课程呼唤充满活力的新课堂，新课堂呼唤"以学生发展为本"的新评价。所以，诗词教学也必须要有其独特的教学艺术，围绕着"一切为了学生发展"的教学理念形成独特的教学风格。一菲老师用深厚的内功做到了，也似乎达到了极致的境界！《诗经》和《涉江采芙蓉》课内外结合，通过课内学习，引发学生课外学习兴趣，让学生们体验到学习诗歌的真正乐趣！相信他们会主动到书店，到图书馆，到网络去阅读，去探究，这也就是我们教学评价的真正目的。

四、赏析《洛神赋》《上邪》《涉江采芙蓉》的风格

师：我们再来看曹植的《洛神赋》。从小我们就知道《七步诗》的故事，有一个和曹植息息相关的成语，写他才气非常高的一个成语，有没有同学知道？

生：才高……才高八斗。

师：《洛神赋》中有洛神的外貌描写，董老师仅仅从文中选取了洛神的几处外貌，孩子们敢读吗，能不能读？

（出示幻灯片八）

其形也，翩若惊鸿，婉若游龙。

荣耀秋菊，华茂春松。

仿佛兮若青云之蔽日。

飘摇兮若流风之回雪。

（一男生自信大方地朗读）

（台下掌声四起）

师：真好，这是词语的盛宴。海明威说："巴黎是流动的盛宴。"曹植的赋就是如此，和我们刚才读的诗的风格完全不同。同学们，《古诗十九首》《洛神赋》《上邪》，你喜欢哪一个？可以随便喜欢的，孩子们，世上有百媚千红，我只爱这一种，你爱哪一种？

生：（一女生真诚地回答）我更欣赏曹植的《洛神赋》，他把诗词的华丽体现得淋漓尽致。

生：（刚朗读的男生回答）我也欣赏曹植的《洛神赋》，

因为读起来带劲。

师：（幽默地评价）怪不得读得那么好，这是汉语的极致，将每一个汉字都打造得熠熠生辉。

生：（另一女生回答）我更欣赏《涉江采芙蓉》。它的作者可能不是特别有名，但情感真挚；语言虽然平实，却能打动人。

师：打动人的可能并不是词语的美，真情更重要，很会鉴赏。

师：再问一个问题，还是看这首小诗，结尾的两句，全班齐读。逗号就表示是一句，听懂了吗？

生：（平淡地读）同心而离居，忧伤以终老。

师：读得不好，读得太轻了。同学们，什么叫"同心而离居，忧伤以终老"？心是相同的，却天各一方，一生就这样过去了。有人说，《涉江采芙蓉》是最绝望的诗。王国维说："真正的好诗要表现一种绝望。"我问的是：绝望的诗是用绝望的方式表达的吗？是还是不是？

生：应该不是。

师：不动声色，静水深流，绝望之情只用淡淡的语言表达。同学们还记得辛弃疾的词吗？"少年不识愁滋味，爱上层楼。

爱上层楼，为赋新词强说愁。而今识尽愁滋味，欲说还休。欲说还休。却道天凉好个秋。"不是芙蓉无处寄吗？爱人与希望在远方啊！那也没有关系，还是这样的表达，继续读。

生：（大声认真朗读）同心而离居，忧伤以终老。

师：《涉江采芙蓉》不是《上邪》，不是《洛神赋》，它是它自己，它是《古诗十九首》那份"云淡风轻"的人生的不足与人生的残缺，是永远难以弥补的东西，请同学们齐背《涉江采芙蓉》。

（学生流利大声背诵）

师：（自豪高兴地评价）我希望前面有一个摄像机记录，因为孩子们都是背诵出来的。

张艳艳悟课：一菲老师这堂课可谓是"百炼钢成绕指柔"，学生从陌生到轻松、到舒展、到愿意展示、到一起学习，拾级而上，对诗歌义理、价值追寻到诗歌召唤、感染和提升，打开并放飞了心灵。这可谓是专业成长成本最低的方式，是探讨教材、教法、学法的最好载体。通过学习，让我们每个用心的人都能走出一条非常好的学习之路。语文应如吃西药，立竿见影颇有成效。语文更应如吃中药，疗效细慢入本，叶落知秋到熟能生巧，到得意忘言，到思索多得，到乐在其中。

五、布置作业

师：（语重心长地嘱咐）同学们，回去继续读《古诗十九首》，读李泽厚先生的《美的历程》。我们中国的诗歌走过了美的历程，每个阶段的美是不同的，《古诗十九首》以这样的美打在我们民族的精神烙印里。好，孩子们下课！

生：（声音洪亮整齐地说）老师再见！

张艳艳悟课：一菲老师带着学生进入了超体验而又有所控制的诗歌世界。"《涉江采芙蓉》不是《上邪》，不是《洛神赋》，它是它自己，它是《古诗十九首》那份'云淡风轻'的人生的不足与人生的残缺，是永远难以弥补的东西……"这样的课不画句号，只画省略号。听她的课，即使不见她的人，却想找她深谈，如香菱学诗一样，您怎么能把课上得这样！您怎么想的？幸亏您想得出来！

付超悟课："读书破万卷，下笔如有神""熟读唐诗三百首，不会吟来也会诌""人的影响短暂而微弱，书的影响则广泛而深远——普希金"。前人在实践中为我们总结出了关于阅读的内涵！但无论如何，在实际的课堂上是读不了万卷书的，不仅学生做不到，老师也难以做到，唯有在课堂外才有可能去读大量的书，进而达到"下笔如有神"的境界。一菲老师认识到了这个严峻的问题，鼓励学生自觉地进行课外阅读，并推荐了阅读的书目，这能大大拓展学生的视野，丰富学生的口语表达，更有助于学生写作能力的提高。从某种角度上来说，徐水的学生和董一菲老师的相逢，是何等的幸运！

名师简介

董一菲，中学语文特级教师，黑龙江省首批正高级教师，任教于牡丹江市第二高级中学。"诗意语文"的倡导者，首届全国中语十大学术领军人物，2016年入选"百年中国语文人博物馆"。获第五届"语文报杯"全国大赛一等奖，兼任全国多所大学硕士生导师。应邀在全国几十个城市讲座授课，著有《紫陌红尘拂面来》《董一菲讲语文》《仰望语文的星空》《雪落黄河静无声》《千江有水千江月》《寻找语文的诗意与远方》等六部专著。其"诗意语文"入选"当代十大名师特色语文"之一，在全国有广泛影响。

诗意课堂，美丽绽放

在"语文湿地"徐水二中的年会上，当有人称赞王君老师，说她的课堂充满浓浓诗意时，她却真诚谦虚地答复："当你听到一菲老师的课才知道什么是诗，她整个人都是诗，而我充其量只是童话。"果然，当一菲老师身着一袭红色衣衫，肩披一头乌黑长发，在讲台上站定，优雅地向在座老师鞠躬问好，共邀学生一起走进《涉江采芙蓉》时，真水无香的语文课堂在老师们的深情期待下徐徐展开，大家追求已久的诗意也随之氤氲丰盈。

诗意在精美的教学语言中生成。苏霍姆林斯基说："教师的语言修养在极大的程度上决定着学生在课堂上的脑力劳动的效率。"一菲老师对《涉江采芙蓉》是一种全方位、深层次的解读。她从《古诗十九首》所处的时代向前追溯、往后推移，跨越了先秦两汉。在探究《涉江采芙蓉》的写作时代时，她没有直接追问，而是这样循循善诱："我国是诗歌的王国，从诗经、楚辞、汉赋，一直到晚清的龚自珍，这样一条长长的诗歌的河流里，五言诗出场，是一个时代的标志；五言诗达到成熟，是一个朝代的终结。这个朝代应该是哪一个朝代呢？"当学生沉浸在充满文学气息的教学语言久久思索时，她进一步讲解："四言诗是《诗经》的时代，五言诗在哪个时代绚烂风华？提示同学们，唐朝是七言诗的王国，往前推，孩子们！"此时，原本不自信的孩子已经豁然开朗了，他们略显犹豫地整齐回答："汉朝"。

当听到学生用心思考后的准确答案时，一菲老师的眼睛里顿时充满了无限深情，满怀欣喜地与学生亲切应答。上课伊始，她敏感地感受到在座学生内心的紧张与不自信，于是及时调整学情，放慢语速，放缓节奏，用精美典雅的教学语言循循善诱。当学生逐渐进入学习佳境时，她又是这样推进课堂："与君生别离，活着的时候就要别离。《古诗十九首》，唱出的是我们生命中最深沉的痛，唱出了最深层的无奈。'人不怕睡，人怕醒'，这是我们民族的觉醒期的歌唱。"置身其中，学生怎能不如沐春风，陶醉享受？

一菲老师的课堂教学语言，不仅准确灵动富有感染力，而且富有浓厚的文学色彩，使语文的诗意和诗意的语文巧妙地融合在了一起，让学生从中获得美的感染与熏陶。

诗意在精致的点拨引导中生成。听一菲老师的课，总是不由自主地被她引导点拨学生时的评价语言由衷感动。虽然大家公认她是中语界的"女神"，是可望而不可即的"神仙姐姐"，但她引导点拨学生的教学语言却丝毫不高冷，而是充满温度，满含深情。

面对初次交流的学生，她轻声呼唤学生为"宝贝"。当学生一时语塞时，她目光炯炯，充满期待，满含深情地引导："同学们，听说我们离白洋淀也很近，看到第一张幻灯片中的花了吗？"当学生不认识"隰"时，出乎意料的是，在争分夺秒的公开课上，她没有简单直接地出示字音，她启发学生："'山有扶苏，隰有荷华'山上有桑树，我们农耕的民族对桑、对蚕那种深情。猜猜看，看偏旁，这个字会表示什么？汉字有表情，有温度，我们这是表意的文字。这个字下面有四个点，表示它？"这是一节高中的语文课，我不知道其他高中语文老师遇到这种问题是如何讲的，但我猜想在应试高压下，不会有几位老师讲出这般诗意的味道。

我们陶醉于这样深入浅出不露痕迹的引导，其中打动人心的未必是语言的华美，更重要的是语文老师对汉语的深情，恰如一菲老师所说："作为语文老师，我要把对祖国语言文字的深深的爱和理解告诉学生，我要告诉他们来自祖国文化的最本色的美丽。"

诗意在精彩的知识延伸中生成。"不学诗，无以言。"一菲老师的课外拓展信手拈来，尽是文化；旁征博引，均成华章。这一节课，最为精彩的是教师恰如其分的知识拓展，让我们不得不对她深厚的文学底蕴而自惭形愧。学生在她的引导下，体会出两首诗的情感区别：《上邪》是一种火热的，而《涉江采芙蓉》是柔美的。此时，她又迅速捕捉到完美的知识延伸点——"柔美的。是的，火热和我们这个民族的传统是不相接的。我们这个民族的传统是中庸之道，不道破，不多说一个字，一定要温柔蕴藉。大家看过中国武术，一个打拳的拳师绝不会把双拳都拿出，他要藏，他要隐，他要蓄势，这才是诗。把诗用蓄势的方式写出来，在中国古典诗歌当中唯有《古诗十九首》"。试问，该有怎样深厚的知识积淀，该有怎样高超的课堂驾驭艺术才能如许炉火纯青地点石成金？更使人望尘莫及的是，在如此紧张的时间里，一菲老师现场的执教语言能完美契合学生现场生成的对话，她的知识拓展语言清新典雅却不高，不空，不玄，如和畅夏风抚慰耳际，撩拨学生贴近文本，融合拓展，哑摸精妙。

在年会现场，除了台上的几十名高中生，其实我们在座的六百多名教师也是一菲老师的学生。大家一边欣赏她洋溢着盎然诗意的课堂，一边啧啧称赞。隐约听到在座老师这样一句话："真是名不虚传的'神仙姐姐'，天生就具备了这样的天赋，她是诗，她也是仙，她是充满诗意的仙！"可是，当我们心悦诚服地赞叹她"腹有诗书气自华"的高贵气质，享受聆听璀璨绽放的诗意课堂时，也要提醒自己回味冰心说过的话："成功的花儿，人们只惊羡她现时的明艳！然而当初她的芽儿，浸透了奋斗的泪泉，洒遍了牺牲的血雨。"当然，如果你能通过这节课，走进一菲老师的书，相信你一定还会收获更多意想不到的惊喜！

本文作者：董亚君

诗意课堂看诗心，他山之石可攻玉

董一菲老师的系列课例，形成了独具魅力的课堂教学风格。我以《涉江采芙蓉》为例，对她的课堂教学艺术谈以下几个感悟。

一、宽视野，重比较

一菲老师的课教学视野宽广。她把《涉江采芙蓉》放在东汉末年大动荡、大黑暗、大转折的时代背景和《古诗十九首》的文学史背景下教学，并将四言诗《诗经》、五言诗《古诗十九首》和七言诗唐诗连成一条中国古典诗歌发展的线。课堂的宽度由此而生。

擅长比较鉴赏是她课堂的又一突出特点。如将《涉江采芙蓉》与《上邪》《洛神赋》的艺术风格进行比较鉴赏，在参照系的对比映衬下，学生对《涉江采芙蓉》《上邪》《洛神赋》的风格体会得更加深刻，诗歌教学也有了宽度与深度。

二、唤心灵，善启发

一菲老师重视唤醒学生心灵。在她的课堂上，深厚的文本解读功底为学生的个性化文本解读营造了一个场域。我们感受到的是老师对学生心弦的拨动，春风化雨，润物无声。在层层铺垫、循循善诱下，学生对诗歌情感的体悟一步步走向深处。

比如《涉江采芙蓉》课例中，师生对"芙蓉"的解读：是珍贵的，是珍宝，是当时非常重要的人，是人生无可替代的唯一，是天地间的一种大美，想送给珍贵的人。这些解读，没有教学参考书的痕迹，没有生搬硬套的标签化倾向，而是师生心灵与诗歌的对话，是师生流连于至美诗歌中时心灵的涟漪、细微、细腻、独特、动人。

善于启发铺垫的课堂引导艺术令人叹服。孔子言："不愤不启，不悱不发。"一菲老师特别善于为学生铺垫搭桥，因启发恰到好处，即使面对有难度的问题，学生的思维也很少出现阻滞现象。于是，课堂教学过程在教师的步步设问和步步铺垫下，学生思维被激活，师生对话非常流畅，整个教学过程行云流水，一气呵成。

比如，引导学生体悟"芙蓉"意象在诗中的情感环节，一菲老师巧用拆字法，"芙蓉"——"夫容"，为学生打通了通向"芙蓉"意象所承载的思夫之情的通道。又如，用"冷与热、浓与淡、动与静、盛装与素颜"四组反义词进行示例，给学生回答"这两首诗在表达感情上有什么样的区别"这个问题以范式，以预防学生回答问题时不知从什么方面切入，真谓深谙启发式教学之道。

三、厚积累，深悟道

一菲老师点面结合、收放自如、诗意氤氲、灵动与厚重兼具的课堂教学风格和行云流水、一气呵成的精湛的课堂教学艺术，源于其深厚的专业积淀，是长期积累的厚积薄发，其功夫在课外。

一菲老师首先是个读书人,其次才是语文教师。她的阅读量之大,足以让我们汗颜。她每年的阅读量有六七十本书,内容涉及文学、美学、哲学、历史等多个领域,博而杂。举一例,她读过的研究《红楼梦》的著作达23本之多。海量阅读成就了她的如兰气质和诗心慧眼,成就了她宽广的教学视野和深厚的教学功底。

在深厚的专业积淀下,一菲老师的课已经不能用"术"来评价了,她的课早已超越了技巧层面,由必然王国上升到了自由王国。那么,她深谙的语文之道是什么呢?我认为是她把生命融入语文,把语文融入生命的对语文深深的热爱,她在用自己的生命体验解读一首首诗歌、一篇篇散文、一篇篇小说,用她对汉语的热爱面对一个个汉字。

因此,她课堂的精彩是用生命的质感书写的,不是用技巧堆砌的,她在用自己的生命走进文本,也携着学生的手与她一起走进了文本,师生之间基于文本的心灵对话在课堂上展开了,心灵对心灵的碰撞,智慧对智慧的激发,课堂流光溢彩了,美不胜收了。课堂就是师生的人生啊!在她的课堂上,我们感受到的是一个智慧女子的诗意人生,她也引领学生在诗歌中体验纷繁多彩的人生。

总之,一菲老师语文课所抵达的境界,对众多语文同人而言,正如《蒹葭》中那个在水一方的伊人。我们如果心怀对语文的热爱,就当或溯洄从之,或溯游从之,即使不能抵达,我们也应当向那个梦想中的伊人不断靠近。

本文作者:张艳

诗意的课堂，满满的幸福

语文本应是一桌桌琳琅满目的筵席，更应是一道道色香味俱全的大餐。

但当我们瞻望飘扬人文大旗猎猎长风的同时，发现朴实、简单、工具性的语文课堂竟成了一些教育的时尚。人们没有了"悠然见南山"的平和与从容，缺失了"可下五洋捉鳖"的激情和豪迈。这份诗意仿佛有点失落了，人类心灵中最隐蔽最美好的语言，最能表达质朴而纯真的情感失落了；蕴藏于人们心中最美好的理想和意念失落了。没想到听了一菲老师的这节《涉江采芙蓉》后，竟然让我再次感受到久违了的诗意课堂的魅力，也似乎有了一种语文人特有的幸福！

一菲老师这节课，让我深刻地认识到：教育的确是一项充满诗意的事业！它是教人求真，向善，臻美，有着崇高理想信念的事业！语文教学，不仅是一门塑造心灵的学科，而且具有特强的人文性和情感性，是一种雅致的文化，一块滋养心灵的沃土，一种洗尽铅华超越现实的精神享受，浸透了浓浓的诗意！

培育诗化了的心境，更会使语文课变得更精彩，更丰富，更能走近语文教学的本源。课堂上徐水学生的深情朗读，真情感悟，确实让我们听课教师眼前一亮！

语文源于生活又高于生活，美丽与朴实相辅相成，就像银装素裹的北国之春。是集虚与实，俗与雅，空灵与厚重于一体。它既要做"下里巴人"，又要成为"阳春白雪"；是"入世"中物质的语文，也是"出世"中精神的语文。

在这堂课上，一菲老师用富有诗意的语言，一幅幅精美的画面，一个个独特的技巧，使整个课堂流淌着一汩汩浓浓的诗意！美文配佳画，诗中有画，画中有诗！可见，语文教育本身就是有诗意的。她把学生带入情境的世界，美的世界，诗意的世界。从某种角度上来说，诠释了语文教育就是发现美、感悟美、理解美、欣赏美、创造美的课程，是诗意的课程！

一菲老师也用扎实的内功和摇曳多姿的教法向语文老师

展示了：文学作品就是形象性和情感性高度统一！它总是以最美的语言描写时间最美的状态和情景，这就是诗境；它总是以丰富的形象来表达最感人和最令人遐想的情思，这就是诗情；它总是选择最精美的文字来负载所要表达的内容，这就是诗句！她从文本的诗境、诗情，诗的语言出发，让学生能汲取到丰富的精神营养！

诗意的她拥有一种缪斯心性，能够以一颗敏锐、善感的心解读生活、文本、课堂中的种种诗意。"诗意语文在于唤醒诗心。"在诗意的课堂中，她用一颗诗心，带着几十颗童心交流，以一份情感动另一份情，一棵树撼动另一棵树，一个灵魂唤醒另一个灵魂，一颗诗心荡涤另一颗诗心！可谓匠心独运！

一菲老师的课堂语言富于变化，或纵情渲染、激情回荡，或自然流畅、舒展畅达，或娓娓而谈、舒卷自如……她更准确把握到《涉江采芙蓉》的语言特色，让它散发出自己独特的语言魅力，让学生感受到诗歌的语言艺术美，并在美中熏陶学生的艺术感知能力，从而培养学生创造美的能力。因为，教师的语言具有了诗意，才能在学生的语言中播下诗意的种子。

"情感是语文课堂的灵魂。"

一菲老师善于利用教材中的情感因素，创设教学情境，准确把握学生的内心世界和情感轨迹，并以自己的情感调动学生的情感，使学生将自己的人生体验、情感与诗歌交融在一起，从而实现师生情、作者情的情感交融、和谐共振。学生在课堂中，与老师、与同学、与文本实现真正的意义的自主对话，从而让那种源于学生本性的真情在课堂中汩汩流淌！

她在课堂中对学生风过无痕、大雪无痕的语言训练，是在一种很自然的状态下让学生受到良好的、扎实的训练。从某种意义上说，这也是一种诗意。我想：一菲老师的诗情，教学的魅力哪里来？应该源于理想信念的守望，文化底蕴的厚积和语言功底的修炼！这也为我们每一位语文人指明了方向，诗意语文要以教师自己的方式来表达，这也是一个教师应该永远追求的教育境界。

语文是富有感染力的学科，如果说一个语文教师没有丰富的情感，没有优美的语言，没有应变的智慧，怎能驾驭课堂，怎能让学生喜欢语文？

一个好的语文老师应该像一菲老师这样：让学生感到是一种精神的享受，包括你的外表，你的体态，你的眼神，你的笑脸，你的手势，你的语言……因为，这都能给学生以心灵的震撼!

一菲老师的《涉江采芙蓉》一课,确实很成功!也让我们语文老师幸福地认识到:一个诗意的语文教师必须有丰厚的文化内涵,不说通晓天下事理,至少要了解文学、史政、科学、哲学等;一个诗意的语文教师应该具备高超的教学艺术,教学艺术应是技能与智慧的完美结合!

上一节语文课容易,上一节有诗意的语文课很难。做语文教师容易,做一个有诗意的语文教师很难。但一菲老师做到了。

她的诗意的语文课,如同高山流水,春雨缠绵。

她的诗意的语文课,情景交融,自然流放。

她的诗意的语文课,师生融洽,兴趣盎然。

她是诗意的语文教师,充满着自信与关爱。

她是诗意的语文教师,才华横溢,运筹帷幄。

她是诗意的语文教师,语言优美,风趣幽默!

她让我们明白了:诗意语文是追求幸福的语文,是将学生对幸福的追求导引向宽阔而悠长的生活世界。诗意语文,就是要以幸福的手段达成幸福的结果,赢得学生幸福的人生。

她也让我们明白了:在充满诗意的课堂氛围里,学生就会感到自己的尊严，享受到心灵成长的愉悦，感受到学习生活的幸福和甜蜜。

这样的诗意课堂，是心灵流动的乐章；这样的诗意课堂，是人性弥漫的天堂；这样的诗意课堂，是文心流泻的诗章！一菲老师的《涉江采芙蓉》一课，让我们受益匪浅，回味无穷！

本文作者：付超

品董一菲老师《涉江采芙蓉》有感

涉江采芙蓉，一菲来领舞。师生一碰撞，芙蓉遇知音。
五言诗冠冕，古诗十九首。首首皆明珠，徜徉古典诗。
汉字撇捺里，表情有温度。芙蓉明又艳，品质纯又净。
思接东汉梦，文人幸甚至。黑暗迭动荡，佚名人单立。
实乃不得言，一菲巧妙引。先生目眦裂，横眉冷对指。
阿Q否阿贵，有名无本姓。世间看客多，打破黑屋势。
知人需论世，方能近真知。一菲目深情，微笑含鼓励。
山有长扶苏，隰有水荷华。双耳示地旁，一菲循善诱。
夫容音貌在，学生乐入瓮。因材施教向，生读师亦领。
盈盈一水间，脉脉不得语。水是天河水，人是世间客。
行行重行行，与君生别离。比死更悲剧，滋味实难消。

人生如逆旅，行走还绝望。宝玉红大氅，趋向茫茫野。
一幕天地人，震撼难老出。人怎怕睡酣，只怕醒难眠。
涉江采芙蓉，采之欲遗谁。人生天地间，忽如远行客。
一菲音平仄，生生踊跃行。岁月深处等，君何时入前。
东汉末年诗，为时代思考。呼声民生忧，沉郁顿挫心。
孟德短歌行，对酒当歌问。忧从何中来，周公吐哺待。
遥远虽难测，诗歌言志向。本诗皇冠贵，何以步步引？
孟德诗大气，男生直好进。一菲微笑引，纠生走偏锋。
涉江叙事多，何以占榜首？一菲博引诗，上邪直胸臆。
确是热辣心，宣言下战书。生读音太准，一菲不吝赞。
顺延徐水行，引旁观掌声。湿地徐水行，众师辉摇曳。
一菲并王君，诗意合青春。桂梅并培东，温厚还吟融。
毋人云亦云，上邪情深狭。涉江相思深，温柔敦厚蕴。
汉诗长情深，唐诗喊淋漓。宋诗想理达，宋后仿巨擘。
长有生命潜，民族尚中庸。不易轻道破，叙事意深藏。
古诗十九独，蕴藉蓄势写。天下诗才十，曹植占八斗。
洛神是他恋，一赋成绝唱。生愈趋佳境，一菲啧啧赞。
巴黎流盛宴，曹植诗华丽。世百媚千红，我只爱一朵。
生纷纷异好，一菲领首同。生读音太轻，一菲循循导。

不动声色否,淡淡书香漫。弃疾层楼愁,欲说还休止。
却道天凉秋,少年强赋愁。人生不足缺,永难消尽失。
齐读涉江采,天地氤氲里。泽厚美历程,引吾去探究。
心灵与人生,民族烙印重。休戚传精华,一菲课堂厚。
一文是一类,典范引深思。百炼钢化柔,学诗言人生。
诗歌义理在,价值开心灵。逻辑思维流,时空横纵越。

本文作者:张艳艳

悟 课 人

山东省济南市北坦小学　董亚君

湖北省襄阳市东风中学　张　艳

山东省德州市武城实验中学　付　超

山东省青岛市西海岸新区实验中学　张艳艳

连中国老师

《梦游天姥吟留别》

课堂实录与研究

《梦游天姥吟留别》课堂实录

【执教】北京四中　连中国

【上课时间】2008 年 11 月

【上课地点】北京师范大学附属实验中学

一、导　入

师：今天非常高兴与大家一起来学习李白的诗——《梦游天姥吟留别》，特别是在这样一个宁静祥和的早晨，我们一定会将这节课上得非常成功的。对于李白的名篇《梦游天姥吟留别》有人这样评价：（出示幻灯）

师：大家要注意这样的评价，同学们要用心去想，将李白说成是"一座辉煌的雕像"合适吗?"天马行空般的驰骋想象"这样的话合适吗?特别是"向世人诠释了瑰丽奇伟艺术境界的最高层次"这样的评价有什么依据吗?如果我不认可你们可以说服我吗?现在,大家品味语言,挑大家最感兴趣的话,最有深刻体悟的诗句,用诗句来证明这样的评价是正确的,在范围上没有限定,希望大家可以纵横才情,任意驰纵,你们来驰纵,老师来帮助大家。大家对这个问题一定要开动脑筋,积极思考。

樊成龙悟课:语文课堂应当注重学生思维的训练和心灵的启迪。连老师设计了一个特别开放的问题,有利于学生的发散思维,有利于学生创造能力的发挥。这种问题的设置,需要教师对文本的解读有充分的准备,对老师的文化底蕴和教学技巧有特别高的要求。一旦引导不好,整个课堂将会陷入松散和混乱的局面。

张书丽悟课:连中国老师的导入没有过多的铺垫。这样一下子将学生置身于极为广阔的阅读空间。在讨论、交流的过程中,大家要注意以下三个问题:

第一,要倾听,要听来自1300年前作品当中的声音,要听老师的声音,同学之间的声音。

第二,要致意,要向诗人李白致意,向作品致意,向同学致意,向老师致意,当然老师也会向你们致意。我们会把读到的东西,向大家不断地表现出来。

第三,要交流,我们要把自己的所感所得说出来,说出来的目的是希望将我们的信息场与李白的信息场不断地发生作用,然后产生一个由旧我到新我的转化的过程。

(老师板书)

师:下面再回到我们的问题上,你们有什么看法?可以随便发表意见,挑选你最有感触的部分,在品味语言的基础上来谈谈本诗是否瑰丽奇伟,他的天马行空般驰纵想象表现在何处?

二、师生交流

生1:我选的是"天姥连天向天横,势拔五岳掩赤城"这一句,因为这是一首记梦诗,记叙了梦中所想象的景物。我们都知道五岳是非常高耸的山,他梦中的天姥山要比五岳还要高，这就是他运用了天马行空般的想象，突出自己梦中的山的高。

师：这位同学讲得很好，有谁就这几句还想发表自己的看法，或对他的发言做一些适当的补充。

生2：我想的和他说的差不多，但我想联系下文谈谈下面的一句"天台一万八千丈，对此欲倒东南倾"，这一句也是突出天姥山连天向天横，天台山"一万八千丈"已经很高了，但对于天姥山来说，它还像是拜倒天姥山一样，从侧面烘托出了"向天横"三个字。然后，还有"势拔五岳掩赤城"中的"拔"和"掩"也非常具有表现力，"拔"在这里是"超出"的意思，但我觉得，在这里它不仅仅是"超出"的意思，还超越出五岳一大截的感觉。"掩赤城"中的"掩"字也非常好，也很体现出那种感觉，是一种雄伟的特色。

师：两位同学对这几句作了必要的补充，讲得非常好。我们现在来看一下这几句"天姥连天向天横，势拔五岳掩赤城，天台一万八千丈，对此欲倒东南倾"。其实，这几句应该是一个小整体。"天姥连天向天横"，一般人在写道这几个句子时，笔力已尽，气力已衰，但中国历史上有这么几个非凡的人，一个是太史公，一个是曹子建，还有一个是李太白。诗人李白写道这里,意兴方生,笔力刚健,笔斜斜地伸出,蓄满了势,笔欲飞,墨将舞,意兴遄飞,直达极致。所以,下面"势拔五岳掩赤城",这是再逗一笔;一笔开来以后,"天台一万八千丈,对此欲倒东南倾",是再逗一笔。三次驰纵笔力,达到了奇伟瑰丽的艺术境界,是这样的过程。为了加深体会,我们请这位同学朗读一下这几句。

樊成龙悟课: 两位学生的回答已经非常精彩,连老师又能从中国古典文学创作的"笔力""气势"这种内在情感节奏上进一步生发,进入文本更深处,自身没有深厚的文化底蕴难以做到,并且生成了对文本解析的关键词:奇伟瑰丽的艺术境界。这就使前面的开放性问题有了中心,做到了张弛有度,避免课堂的松散和混乱。

(生2朗读)

师评:我们给她鼓鼓掌,(鼓掌声)但我觉得她的朗读中也有不足,有些地方重音强调得不够,我们应该在哪些地方强调重音呢?请这位同学回答一下。

生2:掩赤城。

师：哪一个字?

生齐答：掩。

师：对，动词一定要着力。还有吗?

生2："对此欲倒东南倾"。

师：这一句中哪一个字要着力一点?

生2："倾"和"倒"。

师：很好，你现在对这两个句子体味得很好。能否再给大家朗读一遍吗？按照现在的体悟。

（生2朗读）

师：比上一次有进步，其实，还可以在这几个句子上着力一点。现在大家跟着老师一起来朗读一下，老师读一句，大家跟着读一句。我们通过朗读来体味。

（老师范读，学生跟读）

师：现在大家再齐读一遍这几句。

（学生齐读）

师总结：从这几句中已经可以看出，李白通过自己健笔的勾勒，为我们描摹出一个霓光霞影的大姥山，它奇绝云端，矫首天外，巍峨磅礴，这样的气势我们已经充分地感受到了。

张书丽悟课： 经过连中国老师的朗读指导后，学生实现了一次由旧我到新我的蜕变过程。在此，我们不能不赞叹连老师的教育艺术。

周虹悟课： 连老师认为：朗读好，语文才能好。沿着朗读，我们能找到作者存贮栖息在纸页间的情感。在这部分，老师引导学生从字句出发，分析、点评、总结、延伸，最后回归朗读。整个教学顺势而成，酣畅淋漓，潇洒自如。在朗读指导中，老师引导学生对动词重音的把握，对情、势的把握，让学生大胆尝试。教师的成功示范，让学生从朗读实践中获得丰富深切的语感。

师（提问）：在诗篇中还有其他部分，你也感觉到了瑰丽奇伟的艺术境界了吗？谁来谈一下？

生3：我倒是想到了"天马行空"。在第二段的第一句"我欲因之梦吴越，一夜飞度镜湖月，湖月照我影，送我至剡溪"在现实中我们总不可能飞起来，然后呢，飞过镜湖月，最后又送到了剡溪，这完全是在李白梦中的想象。所以，我就觉得这是天马行空般的想象。

师：现在我们就几个问题交流一下，这位同学讲到了"湖月照我影,送我至剡溪",老师希望大家着重去想这样的几个问题:"飞",你们能够想象诗人当时是怎样的状态?何为"度"?"镜湖月",什么是镜湖?它和月又构成了哪种关系?它能开启我们怎样的想象?

生4:我觉得是这样一个意境,在月光的笼罩下,诗人飘飘欲仙,然后就飞过了像镜面一样美丽光亮的湖面,我觉得这句话是这个意思。

师:很好,讲得很好。这位同学把握了几个关键点,一个就是"飞"字,让我们想象出了诗人衣袂飘举,轻盈飘逸之姿。一个就是"度"字,除了讲姿态的轻盈之外,它还特别强调一个由此及彼的完整过程,比如佛家讲"度人",就是由此岸世界将他过渡到彼岸世界。我们带着这样的想象,就不难看到诗人轻逸的姿态从明光如鉴的湖中、皎白圆满的月中,拂掠而过,这样"度"字就变得非常饱满了。

张书丽悟课:连老师紧跟学生的思路,重点提出"飞""度""镜湖月",让学生开启了想象空间的大门。教师的讲解促进学生的感悟,在师生的对话中完成对诗句的鉴赏。

师提问：我们再来看"镜湖月"，镜湖就是水光如镜，水波不兴，那镜湖月构成了怎样的一种意境？

生5：镜湖月的意境，得再回到前面的一段。天姥山在云霞明灭之间，就是说李白一夜飞度镜湖月，他是从月中穿过的，古人不是相信月中有宫殿吗？后面不是说"湖月照我影"，就好像月亮是把他送过去的，他觉得在冥冥之中好像有仙人在为他指路，在云霓明灭之后他就像仙人一样飘过去了。

师：如果镜湖月合在一起的话，那么还会有云霓感吗？

（生5迟疑）

师：镜在古代是光与亮最充分的体现，特别是新镜磨出后，会闪着光亮。如果是镜湖月合在一起的话，那么还会有云霓感吗？

生5：但那个镜子一亮一灭，云霓虽然没有，而明灭还是有的。

师：明灭在前面的一段，并不是在此处，是不是？

生5：是。

师评价：这位同学解析得很好，实际上她看到了一个多维空间,上面是皎皎的明月,下面是平静如鉴的湖面,然后诗人在此之间。我们可以想象到,湖光月色,银光万里,天地之间,一片通明,万物交相辉映,一片盈然世界,生在此中不知是人还是仙,更何况现在还是"飞",还是"度"呢!这就是诗人为我们打开的一个基本的想象空间。后面那位同学刚才讲到"湖月照我影"我的影子好像画在湖面上,我的影子好像画在月亮里,月中画我湖中的影,湖中画我月中的影,所以是湖、月、影几度成像,清渺神妙之至,一片离奇的景象,而且还送我至剡溪,情意款款,不依不舍。

周虹悟课: 在意象解析中蕴含生活经验,引导学生与诗人对话,与生活相通。连老师用形象的语言再现了湖光月影、静谧盈然的朦胧清渺之境,诗意盎然,文采华美,让学生感受到李白的仙气、逸气。图像再现法,既展现了诗歌的美,又传授了感悟之法,可谓授之以渔,一石二鸟。课堂中的连老师好比现代版的李白,才情纵横,飘逸潇洒。

杜红剑悟课: 一句"湖月照我影",连老师绘出的艺术境界仿若庄周梦蝶,实实虚虚,虚虚实实,意境横生,境界昭然。

樊成龙悟课: 课堂的追问是重要的。有人说,提问是"将教师要传授的学习内容转化为学生想学习的内容的契机。要教的东西必须转化为学生想要学习的东西,这就是发问的本质"。提问的重要功能,在于调动和拓展学生的思维。思维始于问题,思维本身就是一个不断提问、不断解答、不断追问、不断明朗的过程。连老师及时发现学生回答过于笼统和粗浅,通过追问不失时机地让学生抓住可能成为思维焦点的词句,对诗句的内涵进一步丰富、具化。

师:其他同学有没有你最感性味的诗句?谈谈你的认识。

生6:我想说从"洞天石扉,訇然中开"一直到"虎鼓瑟兮鸾回车,仙之人兮列如麻"这几句。从"洞天石扉,訇然中开"开始,诗人好像看到另外一个非凡的世界,突然就在他的眼前展开了。在这个世界中,日月照耀金银台,日光、月光还有金色、银色交相辉映的那高台上,非常美妙的景色。而且在这个世界中,虎为他鼓瑟,鸾驾着车,神仙排起队迎接他。在天姥山下,一个另外的世界在他的眼中突然展现出来,在迎接他,就好像是一个神仙的聚会一样。

师:请大家一起来探讨,这部分有一个前奏,"列缺霹雳,丘峦崩摧,洞天石扉,訇然中开"。为什么我们要把它看成是一个独立的小部分呢?

生7：就因为当时闪电好像把那个山突然给劈开了，然后才出现了那些景象。

师：对，然后那个世界才真正打开。这部分中在句式上同前面相比，发生了哪些变化？

生7：变成了短句。

师：这就是和缓处则按辔徐行，紧急时又短兵相接，请你再朗读一下这几个短句，读出效果。

（生7朗读）

师：朗读中如果能更急、再紧凑一些就会更好，再请你朗读一次。

（生7再读）

师：这个时候，这个神奇的世界就要打开了，你要用自己的声音告诉大家，表现出这个时候正在发生着急剧的变化。好再来一遍。

（生7再读）

师：这回朗读得就更好了，但我想再请男同学朗读一下。哪位男同学愿意承担这个重任。

（男生读）

师指导朗读：我们在朗读诗文时，不只是读读而已，要感觉到自己在变化，觉得自己确实是从一个旧我在向新我转化，因为你放开心灵去真实地感悟、体会，你的信息场就会不断地与李白的信息场发生交融，交融之后你会发现你有点像李白了。刚才那个同学的朗读唤起了老师，我也想把我对李白的一种感觉表现一下，我渴望朗读一下。

（师朗读）

师提问：我为什么这样读？老师有几个问题需要同大家交流。我个人认为，"列缺"并不完全等于闪电，注解上明确标释着列缺就是闪电，我为什么会这样说？

生8：我觉得，或许"列缺"不单单指的是闪电，因为我看后面"丘峦崩摧"。不是说神仙出来了吗？这是说山峦突然裂开了，"列缺"就是指裂开的那种感觉，我是这么理解的。

师：你讲得非常好，"列"和"裂"可以理解成通假字。"列缺"为什么不能简单理解为闪电，主要原因"列缺"描摹出了电光从云霓中决裂而出的样子，"列缺"实际上是将云层整个撕开（老师动作表现）的感觉。它形象生动具体地描摹出闪电在一刹那间的形状，包括色彩，然后紧接着才是霹雳，就是雷声，一座座高山险峰不断地崩塌开裂，乱石横走，地陷天塌，发生着急剧的变化，所以，这几个句子就叫作"出乎意表，倏尔万变"。神仙的府第，高大的石门打开了，这时你仰头去看，你会发现呈现在你眼前的是一个神仙的世界。

张书丽悟课：连老师尝试着自己朗读诗句，这样拉近了与学生的距离，使学生在平等对话中实现了对知识的掌握。

杜红剑悟课：连老师的指导，让学生明白读诗要化"己身"为"作者"，发"作者心灵和情感的告白"之声，要读出"心声"，读出"意境"。

师提问："青冥浩荡不见底"，老师个人认为"青冥"也不等同于天空，为什么？

生9：我觉得青冥要比天空显得深远些，它强调的是一种空灵的感觉，整体的感觉是仿佛跟穹庐一样的，它是有一个弯度的，不是一个平面的。

师：你觉得哪些字触发了你的联想？

生9："浩荡"。

师："浩荡"讲出了其开阔之势，还有吗？

生9：不见底。

师：其实，"青冥"两个字对你的想象产生了最大的帮助，为什么？

生9：首先它告诉我，它的颜色是青色的。

师：青色是一种什么颜色？

生9：它是介于蓝绿之间，很高深，很高远的样子，而且是能够引发人联想的一种颜色。

师：那"冥"呢？

生9：就是稍微感觉到有一点昏暗，又不是完全的暗，有一点点微弱的光。

师：其实，有一个成语可以帮助你，叫"苦思冥想"，苦思冥想中的"冥"是什么意思？

生10：思考得很深的意思。

师：那"青冥"是一种什么样的状态？

生10：就是一种非常深远非常辽阔，高深悠远的样子。

师：讲得非常好。"青"在古代可以表示很多颜色，可以指黑色，可以指绿色，还可以指蓝色。"青冥"实际上写出了天色瓦蓝无限深远之状，当然，刚才那位同学把"青"加上了她自己的个性化的理解，这样的理解也是能够解释得通的。"浩荡"写出了开阔，"不见底"正是突出无限深远，而且是日月同辉，天地无限辉煌，奇光万道，瑞彩千条，光耀无比，天地一片粲然。金光银辉，上下激射，呈现出一片辉煌。日月的光芒是不一样的，如果日光是灼灼，那么月光就是皎皎；如果日光是炫炫，那么月光就是澄澄。这是一个声的世界也是一个光的世界。

樊成龙悟课：南宋教育家朱熹曾说过："读书无疑者须教有疑。""学起于思，思源于疑。"质疑，最能调动学生读书、思索、答问的积极性，发展学生的创新思维能力，真正使学生成为学习的主人。连老师带领学生敢于对"权威"的书下注释发出质疑，并进行有理有据的考证，培养学生的质疑精神和严谨的科学精神。这是触及灵魂的真的教育。

师提问："霓为衣兮风为马"写得更为绝妙，如果用霓为你做一身衣服，你会有怎样的感觉？这得问一个女生。

生11：很舒适。

师：为什么会舒适？

生11：因为它很轻盈、柔美。

师：你穿着这样的一身衣服，走在同学的面前大家会怎样看你？

生11：大家会很惊讶！

师：惊讶到什么程度？

生11：瞪大了眼睛，发出赞叹。

师：怎样赞叹？

生11：啊！

师：为什么呢？如果霓真的可以舒卷为衣的话，那你穿着之后不仅光鲜，而且飘逸。

师："风为马"想象更为奇特，风如何为马？风是凝而为马，然后化而为风，奇幻无比，神骏异常。这是李白一千多年前的想象，读至此我就颇有感触。我们大家都知道美国电影《魔戒》中有一个经典镜头：流水奔涌，镜头一转却幻化为千万匹马的奔腾，让观众充分感知到了流水的气势。我们不能说是李白抄袭了《魔戒》，只能说《魔戒》抄袭了李白，它的制作人员的想象才如此地不可束缚，如此地天马行空。

（众生会心笑）

师：大家再看下一句"虎鼓瑟兮鸾回车"，虎乃震慑百兽，啸聚山林的兽王，这时候它在鼓瑟，它的脸上应该是怎样的表情？大家想象一下。

生12：嗯……

师引导：老虎在鼓瑟，它什么表情？老虎为什么要鼓瑟，老虎鼓瑟的目的和原因是什么？

生12：……

生12：我再看看，还没想好？

生13：我认为，老虎鼓瑟是因为它害怕了，老虎本来是兽中之王，它都怕了，所以鸾驾着车也怕得跑了。（学生大笑）

师：大家都笑了，鸾害怕得逃跑，为什么要驾着车跑呢？不驾车不是跑得更快吗？

生13：因为仙人来了吗？

师：我们可以驰纵想象，语文有很大的空间，但这个空间并不是无限的；我们去想去创造，但并不是随便去想，并不是没有正误之分。如果虎要逃，为何还要鼓瑟？如果鸾要跑，为何还要驾车？所以，这样的想象不合常理，没有办法同整个诗句融为一体。一定要调整你的思维，要让它和全诗融为一体。

师：老虎当时应该是什么表情呢？

生14：我觉得，当时应该是比较神圣、严肃的表情，因为是和神仙在一起，所以比较神圣庄严。

师：想象得非常好，因为老虎在迎接神仙的到来，所以一改老虎往日之形象。实际上，虎掌威猛凌厉如何鼓瑟，鸾鸟高大华美何以驾车，所以，李白的想象好像从天外飞来，匪夷所思，不得索解，大家还可以进一步地想象。

师："仙之人兮列如麻"，你想象都有哪些神仙？他们都是什么样子？是怎样的状态？

生15：我觉得仙人都很高兴，因为这好像是一个盛会。

师：一个仙人的盛会，仙人们是怎样的状态。仙人都一样吗？比如他们都着白衣，是这样的吗？

生16：就好像是一个生活中的宴会，每一个人都不一样。

师：怎么不一样的？希望你具体想象一下如何不一样。

生：他们穿得都很华丽。

师：有破衣烂衫吗？

生16：没有。

师：你想象的是没有破衣烂衫的，除了色彩上的不同，身高呢？都一样的标准吗？

生16：不会的。

师：就是有高有低，胖瘦上呢？

生16：有胖有瘦。

师：容貌上呢？

生：有美有丑。

师：有清秀的，有狰狞的。那么状态上呢？有跛足的吗？

生：铁拐李！

师：有没有眼瞎的？

生齐答：有。

师：有渺目的。这是李白一千多年前的想象，我们大家都难追其右，但我们可以靠近他，接近他。

师：有没有从眼中伸出小手，以手为目的，是不是也有背上伸出双翅，鼓翼而飞的，有身形潇洒的，有没有龌龊的、猥琐的？

生：有，济公。

师：有坐蒲团的，有踏莲花的，有拿宝剑的，有没有持青蛇的？

生：有。

师：有冥思的，也有放浪形骸的，对不对？

生：是的。

师：所以，这个句子可以说是仙非一仙，器非一器，好一个神仙的世界，场面宏大，声势夺人。现在，我们从"列缺霹雳"到此处，仔细想，可以说是诸般妙想，齐聚笔端。如果诗人李白此时就在旁边，他会是一个怎样的表情呢？

生：我觉得会是一个比较惊叹的表情，突然就看到了一个神仙的聚会，各式各样的表情，各种各样的神态。但惊叹之后，他又非常高兴地想融入这个聚会中去。

师：想象得非常好，诗人李白真是目瞪神痴，渴望融入这个聚会当中。

周虹悟课：诸般妙想，汇入课堂，用切身实际引导学生运用想象，连老师技高一筹。李白用想象创造了仙非一仙、器非一器的神仙世界，连老师用学生最常见的认知还原了比李白更丰富具体的神仙世界。霓为衣，风为马，虎鼓瑟，仙之人，他用熟知的仙串起了瑰丽的世界。在老师的带领下，学生也跟着天马行空起来。这样的课堂有着奔腾不息的生命力。

杜红剑悟课：老师、学生、诗仙一起"天马行空"起来，达到"诗""我"难分的境界。

师：我们刚才讲到了这些句子都可以体现瑰丽奇伟，但我以为通篇最瑰丽奇伟的还没有讲出，我以为有一句话可以堪称是通篇的极致，大家认为是哪句？为什么？要论瑰丽奇伟这一句才是最瑰丽奇伟的。

生17：我认为，全篇最瑰丽奇伟的句子是最后一句"安能摧眉折腰事权贵，使我不得开心颜"。

师：为什么？

生17：因为诗篇的前半部分描述的全部是景物，虽然有作者的想象，而最后一句抒发的是作者内心的感慨，借助梦境的感慨把自己内心的这种不被赏识的怨气一吐为快。"日有所思，夜有所梦"，他梦中游天姥山，并且在梦中把它想象得瑰丽奇伟，但在普通人的心目中天姥山是比不上五岳的，诗人在此处把天姥山形容为"势拔五岳掩赤城"，让天台山都为此倾倒，李白是以天姥山自比，自己是像天姥山一样有才华，但在权贵那里，他却没有得到重视。我觉得，最后一句话表达了自己甘愿像天姥山一样，我只保持自己的这种状态就好了，不必理睬别人的眼光。

师：这样说来，李白的眉应该是怎样的？李白的腰是怎样的一种状态？

生17：我觉得，他的眉应该是往上挑的那种，因为他有才,是傲视一切的那种。他的腰应该是很直的,是不为任何事物折腰的那种。

师:很好,结合这位同学所说的,我们再来看这一句。李白的眉确实如这位同学所言,他应该是高昂的(教师做动作),他的腰是挺立的,因为眉和腰是李白心性和骨气的代表,可权贵们不容你这样,他们要摧尽你的眉,他们要打断你的腰。在严密森严的等级制度下,一个人的尊严会饱受屈辱。李白这一句穿透千古时空的伟大力量在于:在人格尊严喑哑死寂的漫漫岁月里,他的这一句是一道宏丽的呐喊;在人格尊严几近于无的强权社会中,他的这一句是一座伟岸的矗立。它撞开死寂,冲开沉积的"秩序",灼然一道,刺破苍穹,照亮黑沉的历史!时至今日,当我们的人格尊严受到轻慢的时候,吟诵李白,仍然感到气为之舒,眉为之扬,骨为之立。太白风骨,千古不朽!

师:我们一起来读一下这两句。

(师生齐读)

三、总　结

师:在这节课中,我们不断验证,与李白一道天马行空地驰纵想象，在他所创设的瑰丽奇伟的艺术境界中流连、赞叹。他之所以能做到这一点，是因为在他身上充溢着三股气，这就是孟子的英气，庄子的逸气，天地的大气。奔越的英气、舒展的逸气与苍茫的大气凝为一体，通过他赤子般的心胸，化为他一生对明亮光鲜与恢宏博大的不懈追求。我热爱李白，也希望大家都能热爱他！希望大家在诵读李白的过程中，心胸变得开朗，热爱大自然，热爱高贵的人格。感谢大家。

（生鼓掌）

杜红剑悟课：前部分老师指导学生欣赏作者"奇伟瑰丽的梦境"，这部分是在欣赏其铮铮铁骨和浩然的心胸。学生眼前展现的，不仅是一个飘逸浪漫的诗仙，更是一位刚毅顽强的斗士。

周虹悟课：李白的眉是怎样的？李白的腰是怎样一种状态？连老师问得深刻，讲得细致。从眉的向上挑，腰的直立，到人格的独立，尊严的不可侵犯，李白的神韵彰显无疑。教师辅以身体语言，让学生切实感受到形与神的完美契合，至此，生命的成熟与高贵凸显，一切润物无声又水到渠成。结束语文采飞扬，荡"气"回肠。"三气"既是李白的风骨，也是连老师上课的风格，更是他留给我们关于生命成熟的最好注解。

名师简介

连中国，北京市教研员、北京四中首届人文班班主任、北京四中首届道元班语文教师、"语文报杯"课堂大赛一等奖获得者、北京师范大学教育硕士研究生及免费师范生培养兼职导师、全国中语会首届"学术先锋人物"、北京教育学会语文教学研究会常务理事、全国语文核心期刊《语文教学通讯》特约编辑。出版的教育教学专著有《唤醒生命》《语文课》《语文课Ⅱ》。

以"人"为本,其华灼灼

作为一名中学语文教师,我曾多次观瞻连老师的课例,对他的课甚是叹服。

他凭借自己的教学智慧和对《梦游天姥吟留别》的高度理解与把握,避繁就简,以"品味语言"为切入点,将这堂课上得深入浅出,妙趣横生,一路引导着学生,与诗人一起入梦,出梦,游仙境,赏意境。作者、学生、老师三位一体,心灵碰撞,迸发出耀眼的光芒。

课堂上的连老师,是作者的知音,是学生的导师,是教师的典范。

一、析字赏句"唤"出作者——诗人形象的雕画者

连老师强调,"语文课里首先应该出现的'人'是作家"。只有唤出作者,学生对诗文的理解才能更接近诗文的本色,更靠近作者的灵魂;也只有将作者的"身影"和"灵魂"映入学生的心灵,学生才算真正理解了作品。如何唤出作者?

1. 朗读

连老师说:"朗读就是一条羊肠小路,沿着它们,我们就能找到作者存贮栖息在纸页间情感的河流,发现那片片的帆影,欣赏那一道道晶莹的珠光。"他指导学生朗读,"你放开心灵去真实地感悟、体会,你的信息场就会不断地与李白的信息场发生交融,交融后你会发现你有点像李白了"。他乘兴范读,气场带动学生跟读。读,是一种相遇与联通。经师生一番吟诵,那位站在九天绝顶看人间,用超然物外的眼光面对人世悲欢的李白,仿佛就立在学生面前了。

2. 研析字句

连老师牵着学生的思维,游走在李白铺设的文字里,穿行在天上人间。跟随诗人入梦,登"青云之梯",闻"熊咆

龙吟",惊"列缺霹雳,丘峦崩摧",异"日月同辉,霓衣风马",交"列如麻"的仙人,憾不见底的"青冥"。在诗文赏析之中,大家跟随诗人一路走来,见所未见雄奇景色,到处是壮美,遍地是绮丽。"笔锋缥缈生云烟,墨骑纵横飞霹雳""一如飞行绝迹,乘云驭风之仙",好一个天马行空飘逸不羁的诗仙。

又跟随诗人出梦,"安能摧眉折腰事权贵,使我不得开心颜""李白的眉应怎样,李白的腰是怎样一种状态?"眉是"高昂"的,腰是"挺立"的。当李白的人格尊严受到轻慢的时候,眉为之扬,骨为之立,青莲居士谪仙也。

二、魅力语言唤醒学生——学生智慧的开启者

深厚的语言功底是一个优秀语文教师的基本素养,也往往是一个语文教师吸引学生的魅力所在。连老师能根据不同情景的不同需求,组织恰当的语言内容去启迪、打动学生的理智和心灵,或循循善诱,或幽默风趣,或以理服人,或以情动人,在他的引导下,学生的心灵之门徐徐开启。

例如导入部分,他对讨论交流过程提出三个要求:一是

要倾听,"要听来自一千多年前作品中的声音"。这"作品"哪来的声音?自然启发学生联想,那该是融入文字的作者的心声吧!二是要致意,"要向诗人致意,向作品致意,向同学致意,向老师致意"。他告诉孩子们这节课你是要有"心声"的,是要有"思想"的,"致意"一词在学生们的心中催升起神圣的"使命感"。三是要交流,"希望将我们的信息场与李白的信息场不断地发生作用,然后产生一个从旧我到新我的转化过程"。我们的信息场与李白的信息场如何发生作用?"旧我"是怎样的?"新我"又将产生怎样的升华?简单一句话引发学生无限的遐想与期待。

再如对诗句"天姥连天向天横……对此欲倒东南倾"的赏析,"瑰丽奇伟的艺术境界,天马行空般的想象如何体现"。学生们的分析都不能恰切地过渡至"瑰丽奇伟的艺术境界,天马行空般的想象"。此时,他又引导:"'天姥连天向天横',一般人写道这几个句子时,笔力已尽,气力已衰。"李白是不是一般人?学生自悟。"李太白写道这里意兴方生,笔力刚健,笔斜斜伸出,蓄满了势,笔欲飞,墨将舞,逸兴遄飞,直达极致。"这诗意盎然的课堂指导,再现了当年李白斗酒诗百篇的豪迈,展现了诗句的意境。学生们眼观是诗文,耳听的是诗音,想象空间也跟随老师在一"驰"一"逞"间跌宕起伏。

三、精心研琢焕发自我——教师操守的践行者

连老师强调,学生不是知识的容器,学生是思想者。学生听课是为了越来越聪明,而不是越来越笨。在课堂上,他不是絮絮不止地讲,让学生简单机械地记,而是让学生参与课堂,生发自我。让学生在参与课堂的基础上,研讨、提炼、反思,生成了学生自我学习的内容,形成了学生自我对课堂内容的认知。甚至由此及彼,融会贯通,并最终生成学生自我的思想。给学生空间,给学生插上飞翔的翅膀,让孩子们站在老师的肩膀上,感受、领悟并进而生成自我生命中独特的有价值的发现,这就是他带有责任感、使命感的课堂呈现。

读过连老师的一篇博文,他强调语文课里该有教师的气脉精魂。我认为,这堂课就载溢着连老师的"气脉精魂":他伟岸、智慧,在这个教师面前,学生最好的选择姿态就是倾听;他和蔼、风趣,在这个教师面前,学生最能体验的学

习心情就是放松。他渊博而又谦逊,让学生接受学者教化而又不惧其威严;他的课堂充满激情而又不躁动,让学生在情绪高昂中不乏理智分析。

这就是本堂课呈现给我们的——连中国老师。

本文作者:杜红剑

让课堂焕发勃勃生机

最近看了连中国老师的《梦游天姥吟留别》教学实录，细细品味，感触较深的就是他的课堂始终焕发着勃勃生机。

一、激情朗读中体会诗文的意境

根据诗文内容的要求，朗读或急切紧凑或舒展绵长，让学生在朗读中体会诗的意境，在朗读中思考连老师提出的问题。"思而不晓则读，读而不晓则思"，在读与思中得到问题的答案。

如在赏析"天姥连天向天横，势拔五岳掩赤城"这句诗时，几位同学分析后,连老师又做了这样的总结:"天姥连天向天横",一般人在写道这几个句子时,笔力已尽,气力已衰,但诗人李白写道这里,意兴方生,笔欲飞,墨将舞,意兴遄飞,直达极致。所以下面"势拔五岳掩赤城",这是再逼一笔。一笔开来以后,"天台一万八千丈,对此欲倒东南倾",是再逼一笔,三次驰纵笔力,达到了奇伟瑰丽的艺术境界,是这样的过程。

他既是在总结,更是在提升。为了加深体会,紧接着请这位同学朗读一下这几句诗。学生复读、教师范读、学生跟读均乃手段,目的在于帮助学生加深对文本的理解和体悟。这乃是"过程和方法"的具体体现。

二、引导设疑中理解诗文的内涵

钱梦龙先生说:"如果没有教师的指导,要求学生自己去'创造'作品,'发现'意义,就像要他们抓住自己的头发离开地球一样,结果只能是乱了套!"(《招语文教学之魂》)连老师的课以引导为主,教师设疑学生解答,在老师的指引下,学生脑洞大开,思维发散,不但增加了对诗文的理解,而且扩展了自己的知识。一方面，他发挥着作为学生阅读促进者的作用，巧妙地启发学生，使学生在与文本的对话中尽可能多地生发出自己的认识；另一方面，他又要发挥作为学生阅读指导者的作用，及时地点拨，对学生认识中的不正确内容给予纠正。

如在引导"老虎在鼓瑟，它什么表情？老虎为什么要鼓瑟，老虎鼓瑟的目的和原因是什么？"时；他引导学生可以驰纵想象，语文有很大的空间，但这个空间并不是无限的。我们去想，去创造，并不是随便去想，并不是没有正误之分。如果老虎要逃，为何还要鼓瑟？如果鸾要跑为何还要驾车？所以这样的想象不合常理，没有办法同整个诗句融为一体。所以一定要调整你的思维，一定要校正你的思维，要让它和全诗融为一体。

此刻，连老师及时抓住学生的困惑正确地引导，学生理解中出现的不当之处，正可以用来作为教学的资源。他通过及时巧妙地修正学生理解中的错误，既起到正确的指导作用，又起到开启学生思维的积极作用。"思考与领悟"的课程目标，在这里得到了体现。

三、精雕细琢中挖掘诗文的意蕴

文本内容要探究，但内容是借助语言来表达的。因此，在探讨内容的同时，必须咀嚼语言，推敲语言，品味语言，让学生在学习过程中有自己独特的体验。连老师在教学过程中抓住重点的每一句诗精雕细琢，挖掘诗文内涵，分析细致透彻。

他紧跟学生的思路，重点提出"飞""度""镜湖月"，让学生开启了想象空间的大门。一个"飞"字让我们想象出了诗人衣袂飘举，轻盈飘逸之姿。一个"度"字除了讲姿态的轻盈之外，它还特别强调一个由此及彼的完整过程。比如佛家讲"度人"，就是由此岸世界将他过渡到彼岸世界。那么我们带着这样的想象，就不难看到诗人轻逸的姿态从明光如鉴的湖中、皎白圆满的月中，拂掠而过。这样"度"字就变得非常饱满了。他的讲解，促进了学生的感悟，在师生的对话中完成对诗句的鉴赏。

好一个"湖月照我影"，学生在连老师的追问、引导下，思维发散，实现了一个认知的提升，此环节师生对话，他切中问话要点，这一环节上十分生动，效果极佳。

另外，他还对每一个重点的字词进行精雕细琢，从而挖掘诗文的意蕴。如"列缺""青冥"等。他对重点诗句重点讲解，使学生深刻体会了李白的大气、英气、逸气。

四、师生互动中探讨诗文的主旨

连老师和学生互动亲切，亦师亦友，让学生和老师在亲切的探讨中提升对诗文的理解认识。

他就"霓为衣兮风为马"一句展开提问，让学生结合生活实际谈感受。学生的回答很恰当，然后，他又用美国大片《魔戒》来进一步让学生理解"风为马"。这样环节紧凑，在轻松愉悦的氛围中，学生就学到了知识。连老师真不愧是教育的行家。

"李白的眉应该是怎样的？李白的腰是怎样的一种状态？"他的这句问话很有意思，在简单中渗透着丰富的内涵。学生结合生活体验，加上老师的引导，从而很轻松地获取了知识。

连老师在此环节中扮演了导演的角色，而不是演员的角色，在他的精心设计下，所有学生时刻扮演着演员的角色，说和思巧妙结合，忙而不乱。一个把江山写入胸怀的大诗人，学生从这节课中才真正理解了那个豪放的、猖狂的、浪漫、而又忧伤的李白。

整个课堂，连老师立足文本，与学生达成文本与人本的交流，一起完成解读与建构的交融。在"尊重"与"超越"间，建设新教材，生成新课堂，从而使课堂焕发勃勃生机和无限创意。

本文作者：张书丽

"三气"构建生命课堂

这堂课如其名:高贵雄奇,奔腾不息。以评价为总纲,以品味语言为媒介,以赏析瑰丽奇伟的艺术为主要内容,展现了连老师高超的教学技巧,娴熟的驾驭能力。在这里,我深感于他的大气、逸气与才气构建的奔腾不息的生命课堂。

一、自由言说的外核,生命绽放的内涵

1. 课堂模式自由、自主,绽放生命之花

连老师用评价作为导语,引发学生自由联想,自主言说,给学生思考和说话的自由。这种开放性教学引发学生向文本、

向作者、向老师、向自我探索，激发学生学习的主体性和对话交流的主动性，从而使学生在课堂中成长、成熟，使课堂展现生命的奔腾不息和绚烂多姿。

2. 课堂内容雄奇、高贵，涵养生命成熟

语文课是文化的课、生命的课。连老师说：教育，说道底就是给生命以生命，给人以爱，给人以风范，就是以一个生命照亮另一个生命，就是帮学生积攒放射出生命的华彩。这堂课，我深刻感受到他把生命教育视为灵魂，时刻关注学生情怀，努力把学生度到富有生机的大唐盛世，让学生去感受更深刻的李白：他才气纵横，想象瑰丽，境界阔大，绣口一吐，便是半个盛唐。他豪迈英气、不做作，不妥协，不向权贵低下高贵的头颅！诗中随处可见生命的底色，激情的喷涌，震惊人心的力量。连老师复活了李白的雄奇与高贵，复活了诗人不摧眉折腰、昂首阔视的生命姿态，涵养了学生的价值观，促进了生命的成熟。

3. 课堂语言激情奔放展现生命向上

连老师的语言丰富又有激情。有诗意盎然的描述，有激情澎湃的点拨，有理智思辨的分析，有热烈恰当的点评……导入语寄予了上好课的自信，结束语激情澎湃，既有对李白人格的赞誉，又有对学生生命成熟的期盼。评价语不用对错衡量，鼓励语随处可见。这些语言给人一种向上的动力，展示了老师的爱和自信。

二、雄奇高贵的情怀，飘然俊逸的气韵

雄奇高贵蕴含积极向上的情怀。雄壮、宏大、开阔的诗歌意境给我们以雄奇之感，大气、积极、豪情的讲解给我们以高贵之感。李白有傲岸豪放的情怀，连老师有激情飞扬的情感。

飘然俊逸的气韵源于丰富奇伟的想象。他精心勾勒的想象充满了生命力和浪漫的底色，尽显俊逸之气：飞度镜湖的离奇飘然，湖月照影的清渺神妙，青冥浩荡的开阔悠远，霓为衣兮的飘逸光艳，风为马的奇幻神骏……

而想象又与思辨共存。正如连老师所说，我们去想去创造，并不是随便去想。讲"列缺"充满思辨性，讲"青冥"凸显生活的逻辑，讲"虎鼓瑟"有思维的校正，让我们看到了想象带来的飘然逸气，也看到了思维的理性之光。

三、诗意语言的熏陶，激情奔放的默化

连老师创造了高考语文平均分高和多个作文满分的神话。高分从何而来？他曾说：你负责你的高贵，我负责给你拿高分。这节课我感受到了他诗意语言的熏陶，激情奔放的默化。

1. 诗意熏陶，读写范本

这节课连老师复活了诗人最拿手的技法——想象。神奇大胆的想象，开阔飞扬的思维，凝练华美的语言，让学生耳濡目染。"笔欲飞，墨将舞……""它奇绝云端，矫首天外……""奇光万道，瑞彩千条……"这些语言会感染学生，起到潜移默化润物无声的效果。

结束语大气磅礴，排比的气势，雄奇的境界，伟岸的人格交融在一起，为学生的写作提供了范本。

2. 诵读指导，个性张扬

连老师认为朗读好，语文才能好，沿着朗读，我们能找到"作者存贮栖息在纸页间的情感"。他在朗读之前下足功夫，有分析，有点评，有指导，有示范，让学生在朗读实践中体会情感，感受意境，品析语言。他用教学行动告诉我们，

反复读就是悟的过程，就是获新知获灵感的过程。从那些朗读片段里，我们看到老师与学生思想的契合，感受到了一个个在课堂作用下，在文本衍生处飞扬的个性，那是属于生命的激情，属于浪漫的气息。

模式的自由自主，内容的高贵雄奇，语言的激情四射，展现了连老师生命的课堂。从大处落笔，诠释大气磅礴，是大气的课。奔腾不息的情怀，俊逸浪漫的想象，让我们看到了诗人的逸气，老师的逸气。诗意的语言，激情的渲染，展现了老师的才气，跳跃着生命的激情。他的课堂是一个"场"，有思想，有情感，有生命，有技法；他的课堂有一团"气"：大气、逸气、才气。

本文作者：周虹

体验、思考、唤醒

这是一堂全体学生参与体验的课,一堂学生积极思考的课,一堂唤醒学生生命意识的课。

一、贴近生活,强化生命的体验

教授一门学科不是为了建立一座小型的图书馆,而是要让学生积极思考,参与到知识获取的过程中去。学生们是一个个鲜活的生命,具有个性的差异,语文比任何一门其他的学科都应该去触动学生心灵深处的独特体验,使学生充分感受蕴藏于语文中的欢乐与幸福,达到促进其主体充分、自由地发展的目的。在一开始，连老师就在幻灯片上展示了一些对李白代表性的评价，并让学生去品味语言，挑自己最感兴趣的话，最有深刻体悟的诗句，用诗句去佐证这些评价；并且要倾听，要致意，要交流，把自己的所感所得说出来，希望将自己的信息场与李白的信息场不断地发生作用，产生一个由旧我到新我的转化的过程。这是这堂课整体的方向。

  连老师在后面不断用各种问题进行引导和追问，触及学生的情感和意志领域，触及学生的精神需要。如他问学生以霓为衣穿在身上的感受，追问："为什么会舒适？""你穿着这样的一身衣服，走在同学的面前大家会怎样看你？""惊讶到什么程度？""怎样赞叹？"学生的回答真是对诗句鲜活的体验啊！另外，他还着重让学生去体会具有韵味的词"倾""飞""度""青冥""浩荡"，通过思考其丰富内涵，去体验文字深处的情感和韵味。在对诗句进行讲评之后注重指导学生的朗诵，结合句式、节奏、情感的变化，让学生体验到古诗文的魅力。

二、激发想象，注重思维的训练

  亚里士多德说："思维由惊奇和问题开始。"连老师以开放性为导向，设计了一个个开放性的问题，有利于学生发散思维，并且注重在解读中对文本空白进行充实，激发学生想象力。通过想象，由"第一文本"上升到"第二文本"，使跨越千余年的文字鲜活起来，这能让学生体会到文字的魅力，从阅读中获得享受，读书是快乐的不是"骗人"的空话。

在想象神仙出场的前奏时，连老师讲到"虎鼓瑟兮鸾回车"时让学生去想象老虎的表情，在学生们莫可名状时进行了引导，"老虎为什么要鼓瑟，老虎鼓瑟的目的和原因是什么？"学生回答说是因为老虎害怕要逃跑。他对学生偏离的回答及时进行了纠正，对想象和联想的方式及合理性进行指导。让学生调整和校正思维，让想象和全诗融为一体，这就打开了学生想象的阀门，学生接下来的回答非常精彩，后面一系列的问题如有哪些神仙，他们的衣着款式、衣着色彩、身高、身形、法器、容貌、坐骑、神态……充分激发了学生的想象力，填补了文本空白，升华了文本，使跨越千余年的诗文生动形象、真实可感。特别是在处理本诗主旨句时，让学生去想象李白的眉应该是怎样的，李白的腰是怎样的一种状态，学生通过补充想象李白的表情和动作，无须过多语言的描绘，即可感受到李白铮铮的傲骨，的确很巧妙。

三、唤醒心灵，坚定文化的自信

文化自信是一个民族对自身文化价值的充分肯定和积极践行，并对其文化的生命力持有的坚定信心。在讲述"霓为衣兮风为马"时，说道李白一千多年前创造了风是凝而为马，然后化而为风，奇幻无比，神骏异常。联系到《魔戒》经典的奔涌的流水幻化为奔腾的千万匹马的镜头，让观众充分感知到了流水的气势。并半开玩笑半认真说不是李白抄袭了《魔戒》，只能说《魔戒》抄袭了李白，所以它的制作人员的想象才如此的不可束缚，如此的天马行空。虽然是玩笑，却增添了趣味性和学生对民族文化的自信。这只是这堂课中连老师唤醒学生文化自信一个很小的注脚。

整堂课，他都在带领着学生去想象，去诵读，去品味，去体验，去感悟，学生与李白一起快乐、迷茫、苦闷、孤傲，穿过历史的风尘，那些诗句变成涓涓细流，流淌进学生的心灵，融入他们的血液，化为他们的灵魂。这样的语文课学生怎能不爱,他们的文化底蕴怎能不深厚,文化自信怎能不被唤醒?

有人说,教学的艺术不在于传授的本领,而在于激励、唤醒、鼓舞。连老师的课堂真的是艺术的课堂、智慧的课堂。

本文作者:樊成龙

悟课人

山东省德州市武城县实验中学　杜红剑
山东省德州市武城县实验中学　张书丽
重庆市江津实验中学　周　虹
河北省邯郸市三中南校区　樊成龙

王君老师《木兰诗》课堂实录与研究

《木兰诗》课堂实录

【执教】清华大学附属中学　广东省清澜山学校　王　君

【上课时间】2017年3月4日

【上课地点】山东省德州市

一、讲矛盾背景——历代文学作品中女性形象的矛盾

师：同学们，现在我们开始上课。《木兰诗》特别适合朗读，因为它有北朝民歌经常用的很多句式。

（投影展示）

北朝民歌典型句式

问答句　排比句　复沓句　互文句　顶针句

（师简单举例，引导学生认识）

师：现在我们就读起来。第一次朗读的时候，把咱们的手解放出来，拍桌子还是拍掌比较好？

生：拍掌。

师：好！（老师示范拍手朗读）就这样，好不好？

生：好。

师：这一次读，老师不要求大家有感情，只要读得准，读得快，读得流畅，读得欢乐。好，请把手拿出来，预备，起——

（生拍手朗读，师不断鼓励，课堂气氛轻松愉悦）

师：非常舒服是吧。且不论其思想，这首民歌就是在韵律上，在语言上，也给予了我们莫大的享受。同学们，我们今天聚焦人物形象，尝试用"矛盾对立分析法"来学习《木兰诗》。

（投影）

聚焦人物形象
矛盾式赏析法

师："矛盾式赏析法"就是我们抓住文本中的那些看起

来有矛盾的地方，然后去研究，去朗读，去写作，去比较……我们通过这样的思考深深地走进文本。正式进入文本前，老师先给同学们聊一聊文学作品中的女性形象。这是《木兰诗》学习的矛盾背景。

（投影展示）

女性形象的矛盾

师：前段时间看了一个剧，叫《大唐荣耀》。（众笑）这个剧里边有一个重要角色，叫独孤靖瑶。这个女子是个女将军，还非常漂亮。她对广平王李俶一见钟情。可李俶从来都把她当一起冲锋陷阵的兄弟看，当男人看。于是，有一次，她直接告诉李俶：请你把我当女人来看。

（投影展示剧照）

师：看到这儿我很感动。我想，我一定要把这个镜头记录下来，在讲《木兰诗》的时候讲给同学们听。"请你把我当女人来看"，天啊，孩子们，这是女人们多么重要的一次呼唤。而我们的文学作品，是不是都把女人当女人来看呢？很难。古代文学作品中，写女人写得比较好的是《诗经》，

《诗经》中的女人是有女人味儿的,但可惜的是,这些女子几乎都离不开男性,离不开爱情,不是勇敢追求爱情的痴妇,就是被爱情伤害的厌妇,或者被爱情抛弃的弃妇……(众笑)虽然如此,但已经算很好了。后来的文学作品中,更惨。比如四大名著,有什么像模像样的女人吗?《西游记》中的女人都是——

生:妖妇。(众笑)

师:《三国演义》中的女人——《三国演义》中几乎算没有女人。有的,也几乎全都是政治斗争的——

生:牺牲品。

师:《水浒传》呢?母大虫?都是雌雄同体,男不男,女不女的。(众笑)好不容易有一个像女人的女人潘金莲,(众笑)还被作者永远地钉在了历史的耻辱柱上。其实,潘金莲很不容易的,起码,她最开始比现在很多女人强,她不被张大富利诱,坚决不给他做妾。不像现在的女人,"宁愿坐在宝马车里哭,也不愿坐在自行车上笑"。(众笑)对潘金莲的批判,完全是男人视角嘛。(众笑)我们民族引以为自豪的四大名著,除了《红楼梦》,在世界文学殿堂上,都是很受争议的。大家对《红楼梦》没有异议,因为曹雪芹借贾宝玉这个形象，表达了他的新女性观，他是把女人当女人来看的。当然，中国古代文学作品的女性形象，还有很大一部分是青楼形象，男人们说：妓院中的女人最美。（众笑）

（投影展示）

女性形象的矛盾

女性文学形象的稀少

女性文学形象的扭曲

1. 走不出爱情的怪圈：痴妇　弃妇　厌妇
2. 走不出暴力的怪圈：角色混乱　雌雄同体
3. 走不出青楼的怪圈：风尘女子之美

余卫华悟课：学语文需要做生活的有心人。王君老师不仅能将热播剧的剧情和课堂相连，还能将生活现象引入课堂，这不仅在学生中找到共鸣，更引导了孩子们的爱情观。王君老师不仅能接地气地勾连生活，还以丰厚的文学作品中的女性形象为基底，将《木兰诗》放到了一个更为广阔的阅读背景中。

师：所以，如果我们把《木兰诗》放在女性书写的这个矛盾大背景下来研究，你就会发现这首北朝民歌的伟大之处。《木兰诗》到底为什么卓然不群？花木兰的故事，和青楼无关，和爱情无关，但和战争有关。木兰要完成自己，挺难。首先，她是一个女人。不仅在古代，就是在今天，性别都是一个问题。其次，当时的社会正在发生战乱，战争年代活着尚且是问题，更不要说活出精彩。另外，从木兰的家庭来看——

生：他的父亲年老了，还被征兵。弟弟还小。她又没有兄长。

师：对，这是她的家庭困境。木兰不容易啊！从一开始，她就在各种相当复杂的矛盾之中。她要活出自己，难！

（投影展示）

木兰"完成自我"的困境

社会困境：可汗大点兵

家庭困境：阿爷无大儿，木兰无长兄

性别困境：女性

（师在"女"字上板书：社会困境　家庭困境）

刘亚悟课：从流畅欢乐的朗读进入文本，初步体会民歌的韵律与语言，既使学生了解了北朝民歌的句式特点，又创设了一个轻松愉悦的学习氛围，可谓一箭双雕，此为"一进"。接着，出示本节课的学习目标和方法，跳出文本，联系了各类文学作品中的女性形象，于比较中自然引出木兰之独特，从矛盾入手解读木兰，此为"一出"。

二、读出矛盾——矛盾对立式诵读

师：弄清楚了女性形象书写的大背景，我们现在走回到《木兰诗》，来研究木兰这个形象。按照现在流行的标准，木兰是不是一个女汉子？

生：是。（众笑）

师：哪些诗句最能证明木兰是个女汉子？

生：万里赴戎机，关山度若飞。朔气传金柝，寒光照铁衣。将军百战死，壮士十年归。

师：确实，木兰是一个女壮士，典型的女汉子。但你们发现矛盾没有，直接写女汉子，只有几句？

生：六句。

师：占的比例非常少。诗歌中还有那么多的诗句呢！肯定还写了其他内容。那写了什么呢？《木兰诗》的经典就在于它异常珍贵地没有停留在把木兰当成一个女汉子来描写。这堂课，我们要走进诗歌，完成这样的矛盾式探究，矛盾式写作。

（投影展示）

木兰不仅仅是国家的壮士，

木兰还是一个真真正正的女人。

她是_____

从"_____"中，我似乎看到_____。

（老师做示范）

（投影展示）

木兰不仅仅是国家的壮士，

木兰还是一个真真正正的女人。

她是一个柔弱的小姑娘啊！

从"但闻黄河流水鸣溅溅"中，我似乎看到木兰想家、想爸爸妈妈，想得睡不着觉。她千里奔波，已经很累了。但是一闭眼，眼前就是家中的亲人。耳边奔腾的黄河水，一个晚上都在呜咽啊！

木兰不仅仅是国家的壮士，
木兰还是一个真真正正的女人。
她是最多愁善感的女儿啊！
从"惟闻女叹息"中，一个"惟"字，我似乎看到木兰愁肠百转，吃不下，睡不着：年迈的父亲如何能上战场？体弱的母亲怎么能承受和丈夫分别的痛苦啊！

木兰不仅仅是国家的壮士，
木兰还是一个真真正正的女人。
她是最心疼弟弟的姐姐啊！
从"阿爷无大儿"中，我似乎看到木兰凝视着年幼天真的小弟弟，偷偷落泪。小弟尚未成人，正是依恋爹娘，贪玩好耍的年龄。战争，请不要打扰这个可怜的孩子吧！

余卫华悟课：古诗文大多具有"简约"之美，其中丰厚的意蕴需要读者读出画面，读出细节，读出生活。王君老师这一示范写作，不仅打开了一扇窗，让学生走入理解木兰形象的画面中，还透过细节将人物形象的矛盾之处彰显出来，更通过对具体的诗句的再创作，让人感受到古诗的简约细腻之美，实具一石三鸟之效。

（老师组织学生朗读）

师：咱们在读诗和感受诗的美好韵律时，还能够让诗歌中的人物形象从文字中走下来。这需要我们通过想象对诗句进行"丰腴延展"，让人物形象活起来，丰满起来。为了帮助同学们，我们现在进行一种特殊的朗读——矛盾式朗读，就是把全诗中的许多场景和木兰作为女汉子的形象对比着读。为了帮助大家读出感觉，老师设计了一个朗读稿。红颜色的字是老师对大家在朗读技巧上的一个提示，"群"是同学们一起读的句子，"木兰"是由木兰读的句子，明白了吗？

生：明白了。

师：好，哪位同学自荐，你认为自己的朗读极有激情，富有力量，能够作为这堂课的木兰形象的英雄担当。（众笑）

（推举了一位气壮山河的朗读者起立）

师：还需要一位同学来读木兰。注意，你的朗读需要不断变化，你不仅仅是女汉子，还要有更丰富的形象表达。你必须和前面这位英雄形成鲜明的对比。（众笑）

（一位女生自荐）

师：好，小伙子，小姑娘，咱们开始吧。

（老师出示《木兰诗》诵读稿。指导学生一组一组地进行对比朗读）

第一组

（领　坚定壮烈地　稍快）

万里赴戎机，关山度若飞。

朔气传金柝，寒光照铁衣。

将军百战死，壮士十年归。

（群　焦虑地　稍慢　"叹息"拖长）

唧唧复唧唧，木兰当户织。

不闻机杼声，惟闻女叹——息——

（群　焦急地　稍快　关切地）

问女何所思，问女何所忆。

（木兰　轻声　缓慢）

女亦无所思，女亦无所忆。

（木兰　大声　焦急地　快速）

昨夜见军帖，可汗大点兵，

军书十二卷，卷卷有爷名。

（群合　焦虑万分　一字一顿　压低声音）

卷——卷——有——爷——名！

（木兰　更焦急）

阿爷无大儿，木兰无长兄，

（群合　无比焦虑　压低声音）

阿爷无大儿啊！木兰无长兄啊！

（木兰　坚定　明朗地　一字一顿）

愿为市鞍马，从此替爷征。

第二组

（领　坚定壮烈地　稍快）

万里赴戎机，关山度若飞。

朔气传金柝，寒光照铁衣。

将军百战死，壮士十年归。

（木兰　有条不紊　欢乐昂扬）

东市买骏马，

西市买鞍鞯，

南市买辔头，

北市买长鞭。

（群抢读　欢乐昂扬）

东市买骏马，

西市买鞍鞯，

南市买辔头，

北市买长鞭。

第三组

（领　坚定壮烈地　稍快）

万里赴戎机，关山度若飞。

朔气传金柝，寒光照铁衣。

将军百战死，壮士十年归。

（木兰　伤心地　稍慢）

旦辞爷娘去，暮宿黄河边，

（师生轮读　哀伤呜咽地　压低声音　稍慢）

不闻爷娘唤女声,

但闻黄河流水鸣溅溅。

(木兰　伤心地　稍慢)

旦辞黄河去,暮至黑山头,

(两组轮读　伤心呜咽地　压低声音　稍慢)

不闻爷娘唤女声,

但闻燕山胡骑鸣啾啾。

第四组

(领　坚定壮烈地　稍快)

万里赴戎机,关山度若飞。

朔气传金柝,寒光照铁衣。

将军百战死,壮士十年归。

(群合　隆重盛大地　荣光喜庆地)

归来见天子,天子坐明堂。

策勋十二转,赏赐百千强。

(群　欣赏地　大声地)

可汗问所欲,

(木兰　摇头　坚定深情地)

木兰不用尚书郎；

愿驰千里足，

送儿还故乡。

第五组

（领　坚定壮烈地　稍快）

万里赴戎机，关山度若飞。

朔气传金柝，寒光照铁衣。

将军百战死，壮士十年归。

（木兰　祥和欢乐　愉悦轻松）

爷娘闻女来，

出郭相扶将；

阿姊闻妹来，

当户理红妆；

小弟闻姊来，

磨刀霍霍向——猪——羊——

（师生轮读　祥和欢乐　愉悦轻松）

爷娘闻女来，

出郭相扶将；

阿姊闻妹来,

当户理红妆;

小弟闻姊来,

磨刀霍霍向——猪——羊——

第六组

(领 坚定壮烈地 稍快)

万里赴戎机,关山度若飞。

朔气传金柝,寒光照铁衣。

将军百战死,壮士十年归。

(木兰 深情地 缓慢地 百感交集)

开我东阁门,坐我西阁床,

(群和 缓慢地 压低声音 祝福地)

西阁床啊西阁床

(木兰 深情地 百感交集)

脱我战时袍,著我旧时裳,

(群和 感慨地 压低声音)

旧时裳啊旧时裳啊!

(木兰 喜出望外)

当窗理云鬓,对镜贴花黄。

(群和 开心地)

贴花黄啊贴花黄!

(木兰 得意扬扬地)

出门看火伴,火伴皆惊忙:

(群 大惊失色地)

同行十二年,

天啊!

不知木兰

是——女——郎!

第七组

(领 坚定壮烈地 稍快)

万里赴戎机,关山度若飞。

朔气传金柝,寒光照铁衣。

将军百战死,壮士十年归。

(木兰 洋洋得意地)

雄兔脚扑朔,雌兔眼迷离;

双兔傍地走,

安能辨我是雄雌?

安能辨我是雄雌!

(众　快乐开心地)

（这个部分是整节课相当重要的一个基础部分。老师要热情地鼓励,灵活地点拨,力争在对比中再现《木兰诗》的生活场景,让学生读得有趣、有情,使生活场景在朗读中历历在目,为后面的创作打下基础。第一组以"问读"的方式来辅助,第二组用轮读的方式来辅助,第三组可以结合具体朗读,用"追问"的方式来辅助。读好了,后面的写作就有了支撑。）

师：孩子们,刚才咱们的这种朗读把课文进行了重新的整合,让矛盾清楚地表现了出来。一个人物就好像一个圆一样,他应该是丰满的,是丰富的。现在该大家进行创作了,请写一段话,引用一句诗歌,还原一个生活场景,表达木兰的一种状态。你可以充分发挥想象,甚至你不一定非要采取王老师给你的这种句式,你可以自由地创造句式。

（生安静创作，师巡视点拨）

刘亚悟课：王君老师在初步了解学情的基础上，进行详细耐心的学法指导和灵活热情的鼓励，使得本堂课的朗读高潮迭起。朗读的方式多种多样，不仅调动起学生极大的学习兴趣，更使学生体会到木兰的"矛盾"。这种朗读是基于文本的再创造，将普通的朗读化为演读，每个学生都扮演一个角色，都发生着情感的碰撞。

三、写出矛盾——还原木兰的女人形象

师：好，现在咱们开始交流。

生：老师，我是这样写的，木兰不仅仅是国家的壮士，她还是一个恋家的小女孩。从"不闻爷娘唤女声"中，我似乎看到了深夜的军营，所有人都陷入熟睡，只有木兰一个人望着远方的天空，听着黄河的流水在发呆。她还是个女孩啊，她是多么地想家啊！

师：怎么样？最热烈的掌声送给你。小男孩，你把诗句变成了场景，而且是最具有生活气息的场景，我好喜欢你用

的一个词语,她是一个"恋家"的女孩,这个"恋",太深情了!你的表情,你的表述都深情。同学们向他学习啊!

生:老师,我看出木兰不仅仅是国家的壮士,她还是一个不贪图金银财宝,不贪图高官的人,我从"可汗问所欲,木兰不用尚书郎"这句话看出来的。

师:嗯,你似乎看到了什么?你能想象一下木兰的表情吗?

生:我能想到可汗论功行赏,要给她赏赐金银财宝的时候,旁边可能有许多人想巴结她,但在木兰说出不愿做官的时候,他们可能都被她的行为震动了。

师:他们都目瞪口呆,他们都无比震惊。你看,她知道用旁边人的描写来衬托木兰此时此刻的形象,懂得用侧面描写的方法,了不起。

生:我也觉得这一点木兰很独特,她劳苦功高,但是淡泊名利,很值得尊重。

师:两个同学都注意到了木兰诗掉尚书郎这个细节,但第一个同学用的是"不贪图金银财宝"和"不贪图高官",第二个同学用的是"淡泊名利",你们觉得哪种更合适呢?

生:我觉得"淡泊名利"这个词语更精练。

师:对,很多参考书上也爱用这个词语评价木兰。但请问孩子，你怎么知道木兰对名对利不喜欢呢？

生：她不是辞掉了吗？

师：不答应做官不等于她不喜欢做官啊。这两者之间并没有必然的逻辑联系。

生：这……

师："功名利禄"是不是坏东西？

生：……（不敢回答。众笑。）

师：木兰如果做官了，有权又有地位，还有大房子，把爹妈接到城里，给姐夫弟弟安排一个好工作，不是美美的吗？（众笑）

生：可女人在古代不能做官，如果被发现了，是欺君之罪。

师：木兰征战十多年都没有被发现，可见隐藏身份的能力极强。现在有了独立的宅子了，应该被发现的可能性更小啊。

生：这……（众笑）

师：大家别笑。咱们不能随便用一个标签去贴啊。功名利禄本身并不是一个贬义词，靠自己的打拼获得功名利禄很光荣啊！（众笑）可木兰为什么不这样选择呢？

生：我觉得，如果木兰留下来做官的话，会很累，每天都生活在紧张中。这个代价太大了，她会不幸福。（众鼓掌）

师：这个观点我同意。就像王老师，你让我做校长，我不干。你让我做教委主任，我不干。不是我不想干，是我知道自己能力不够。真要干了，会疲于应付痛苦不堪，不如现在做一个纯粹教师来得自在开心。

生：木兰活得很明白，她知道自己适合什么样的生活，喜欢什么样的生活，所以，她就不做官，选择回家。

师：对啊，平安是福，宁静是福。从这个意义上来说，木兰啊，她不仅仅是个气壮山河的女汉子，还是个很了解自己的女孩子，她懂得怎么选择自己的生活。这姑娘，有思想。所以，"淡泊名利"有点儿标签化，而"不贪恋"更恰当。

生：老师，我觉得木兰不仅仅是国家的壮士，还是一个孝顺的女儿，我从"唧唧复唧唧，木兰当户织。不闻机杼声，惟闻女叹息"这一句看出来的。一阵阵织布机的"唧唧声"从屋内传了出来，声音越来越小，能隐隐约约地听见木兰的叹息声。突然"唧唧声"戛然而止，只见木兰走向窗边，望着父亲的那间屋子沉思，屋旁边的羊也咩咩地叫了起来，似乎也在为木兰着急。

师：她用虫叫的声音，她用羊叫的声音，来共同烘托出一种忧愁的气氛。特别是你说道"她站在父亲的窗前的时候"

老师真感慨，生女儿真好啊！

生：老师，我是这样写的，木兰不仅仅是国家的壮士，木兰还是一个非常爱美的姑娘，从"开我东阁门，坐我西阁床，脱我战时袍，著我旧时裳。当窗理云鬓，对镜贴花黄"中，我能看出木兰的爱美。

师：嗯，我问你，一个姑娘经历了十多年沙场拼战，她的皮肤会粗糙，对不对？

生：对。

师：她的容颜会憔悴？

生：对。

师：甚至她的健康也会受损，你说重新打扮后的木兰会漂亮吗？

生：会。

师：为什么？她美在哪里？

生：美在心里，美在每个人的心里。

师：这个话都给大家用滥了。我送你一句话小伙子，其实一个女子的美跟她的长相没有绝对的关系，世界上没有丑女孩，只有懒女孩，不管你长得怎么样，如果你爱生活、会打扮，如果你有气质、有故事、有经历、有传奇，那你的外

表一定有动人之处,明白吗?

生:明白。

师:所有的有自己的事业、有自己的追求、心中有爱的姑娘都是美丽的姑娘。有没有同学发现木兰丰富的身份、多重的性格,"阿姊闻妹来,当户理红妆;小弟闻姊来,磨刀霍霍向猪羊"。其实,这些句子都告诉我们木兰的多重身份。跟着老师读,预备齐——

生:阿姊闻妹来,当户理红妆。

师:哦,停,原来木兰不仅仅是国家的壮士,她还是一个——

生:她现在还是一位妹妹。

师:她是一个什么样的妹妹?从姐姐"当户理红妆"中似乎看到这位妹妹是个什么样的妹妹?

生:老师,我还没想好。

师:谁帮助他?这是一个什么样的妹妹啊,对她姐姐而言?嗯,你说。

生:老师,我觉得,她还是一个非常了不起的妹妹,能够让自己的姐姐对她有一种敬佩的心。

师:好!你觉得这个妹妹平时和姐姐的感情怎么样呢?

生：我觉得，她平时跟姐姐的感情是很深的。她们很亲。

师：对的，她们是好姐妹，甚至是闺密，对不对？所以，妹妹回来姐姐才那么高兴。再来，"小弟闻姊来"，预备齐——

生：小弟闻姊来，磨刀霍霍向猪羊。

师：哦，原来木兰不仅仅是国家的壮士，此时此刻她还是一个？小伙子你说。

生：木兰这时候还是一个好姐姐。

师：你从这一句中想象这个姐姐平时是一个什么样的姐姐？不准用"好"字。

生：是一个？老师，我还没有想好。

师：好的，你可以再想想。

生：老师，我感觉木兰应该平时很爱护、心疼她的弟弟，所以她从战场回来，弟弟才那么激动。

余卫华悟课：侧面描写是塑造人物形象不可或缺的重要手段，在这里，王君老师处理得非常巧妙，连一个有关"侧面描写"的专业术语都没有，只一个问题"木兰的多重身份"引入，让孩子们从诗句中、从身边人的反应中体会木兰作为妹妹、姐姐的不同特点，让木兰的形象更加丰满。

师：我们从弟弟对她的欢迎，看到这个姐姐平时做得真好。长姐如母明白不？她呀，不仅是她爸爸妈妈的好女儿，有孝心，她还是一个很贤的妹妹，又是一个很慈的姐姐。来，这些是王老师以前的学生写的，我们来读一读。

（投影展示）

木兰不仅仅是国家的壮士，

木兰还是一个真真正正的女人。

她是一个多么让父母欣慰的女儿啊！

从"爷娘闻女来，出郭相扶将"中，我看到人世间多少家庭求之不得的完美：爹娘双方均健在，而且身体硬朗，感情深笃，互相扶持。听闻十多年征战在外音讯渺茫的女儿居然就要安全回家，两位老人欣喜欲狂老泪纵横……

木兰不仅仅是国家的壮士，

木兰还是一个真真正正的女人。

她是姐姐多么喜欢的妹妹和闺密啊！

从"阿姊闻妹来，当户理红妆"中，我似乎看到妹妹回家，姐姐精心打扮自己，盛装出迎。她特别想拥抱妹妹，告诉她：

妹妹啊，因为你的辛苦，我依旧爱着美，依旧美！妹妹啊，姐姐倚门盼妹归，姐姐攒了12年的知心话要说给你听啊！

  木兰不仅仅是国家的壮士，
  木兰还是一个真真正正的女人。
  木兰是一个多么幸福的姐姐啊！
  从"小弟闻姊来，磨刀霍霍向猪羊"中，我似乎看到弟弟已经长得那么健壮，那么阳光，充满着虎虎生气，浑身是青年男子的阳刚之美。我似乎看到弟弟热血奔涌的笑容，听到左邻右舍欢聚一堂的笑声，闻到大锅里猪肉羊汤的香味儿……

  木兰不仅仅是国家的壮士，
  木兰还是一个真真正正的女人。
  她是一个多么臭美的丫头啊！
  从"开我东阁门，坐我西阁床。脱我战时袍，著我旧时裳，当窗理云鬓，对镜贴花黄"中，我似乎看到，这丫头一回到家，第一件事情就是让自己"美"起来。做个俏女郎，胜过尚书郎。女儿娇颜依旧在，十年征战不寻常。木兰的手啊，拿木梳比握长鞭更自由，贴花黄比驾驭马匹更灵巧。护国护家固然光荣，而护了自己的美貌才是最值得的夸耀。

木兰不仅仅是国家的壮士，
木兰还是一个真真正正的女人。
她是一个大家多么喜欢的伙伴啊！

从"出门看火伴，火伴皆惊忙"中，我似乎看到木兰一现身，伙伴们都大惊失色。他们不相信眼前的这个亭亭玉立的美女是木兰啊！木兰得意扬扬，一脸狡黠。她是多么娇俏可爱啊！

木兰不仅仅是国家的壮士，
木兰还是一个真真正正的女人。
她是个多么洒脱多么明媚的女子啊！

从"雄兔脚扑朔，雌兔眼迷离；双兔傍地走，安能辨我是雄雌"中，我似乎看到幽默的木兰正在大张旗鼓地自我表扬。木兰回家后不仅带给家人盛大的幸福，带给伙伴隆重的惊喜，但最感染人的还是她自己的活泼欢乐，青春张扬。

（组织学生朗读。这些学生创作的语段作为准备，可以同时推出，也可以在学生发言的过程中推出用以点拨学生）

生：老师，我觉得，木兰还是一个可亲可敬的邻家女孩儿，她立了战功回家，可一点儿都不骄傲，她还是以前的样子，她没有变成公主，她还是邻家妹妹，特别热爱生活，也特别爱玩，爱美。

刘亚悟课：在这部分里，老师的文本解读在无痕中过渡到了学生的文本解读。学生通过朗读和解读，还原出了一个真实的、接地气的木兰形象。这是文本阅读和生活体验的沟通，语文和生活打通，读者才能与作者和作品中的人物发生共鸣。

四、"矛盾式"总结——提炼出木兰形象的矛盾统一

师：这样读，这些写，就让木兰丰富了，鲜活了。好，现在我们来做一个总结，我们还是用矛盾对立的方法。咱们用对联的形式，对联的上下联各从不同的角度来提炼。

（投影展示）

上能赴疆场挥刀保家卫国

下可去厨房运筹油米柴盐

既要停机叹息想爷娘泪水潸潸

更能精挑细选购装备豪情满满

既为忠臣良将威武壮士

更是贤妹慈姐孝顺女儿

上立明堂见天子侃侃辞官

下回故乡戏战友机灵鬼怪

既有飒爽英姿横刀立马

更有对镜梳妆娇媚容颜

既能战功赫赫威震朝野

又能俏丽活泼欢笑家园

做美娇娘，娇嗔可爱

变女汉子，豪气冲天

在家是顶梁柱撑门立户

出门成女汉子建功创业

（这部分根据学生的语文能力灵活决定。如果学生能力强，老师可以先呈现上联，让学生思考讨论各抒己见。如果学生水平一般，也可以直接呈现上下联进行总结。但务必让学生熟读，选择其中一二摘抄）

师：好，孩子们，看到了吗，真是越矛盾越——

生：越和谐啊！

师：我还想问你，诗歌中的花木兰肯定是个女孩子，但她是不是一个女神呢？

生：我觉得，花木兰在战场上是女汉子，在家里却是女神。

生：木兰比女神还可爱。

师：孩子们，我们当代的语境当中说道女神呢，是那种特漂亮的对不？有点高高在上的，离我们有点距离的那样的女子形象，我们称她为"女神"。但木兰她不是这样的，她就在我们身边，她虽然是英雄，但她就是邻家的姐姐，她就是旁边的小妹妹，她就是我们的小伙伴。这个木兰啊，她不仅仅是女英雄，不仅仅是女汉子，甚至不仅仅是女神。我很喜欢一个词语，当木兰最后一次出现在我们的故事当中的时候，她打扮好了跳出来，出现在她的伙伴面前，伙伴们是怎么样惊叹的？同行十二年？

生：不知木兰是女郎。

师：同学们，我很喜欢"女郎"这个词语。因为这个词语，木兰回归为一个普通的小女孩，她不仅仅是国家的壮士，她还是孝顺的女儿，是慈祥的姐姐，是贤惠的妹妹，是可爱的小伙伴，是俏皮的精灵，总之是一个很特别的女子。这样的一个女子，同学们可以想想，十年后，二十年后，木兰重新回忆她十多年的征战生涯的时候，她脸上的表情，是痛苦的表情，还是自豪的表情？

生：自豪。

师：如果她给别人讲这段经历，是那种不堪回首的厌恶，还是那种永远铭刻的甜蜜？

生：甜蜜！

师：对。木兰之美，就美在经历了十多年的残酷战争之后，她依旧美丽，依旧活泼，依旧欢笑，依旧娇俏，依旧可爱。战争没有抹杀她的女性特质，她还是她。木兰的壮举成就了她的国家，成就了她的爸爸妈妈，成就了她的姐姐，她的弟弟，但同时，她也成就了——

生：她自己。

师：木兰已经错过了女子的最佳婚嫁年龄了，你们觉得，她会成为剩女吗？（众笑）

生：不会，这样的女子，再老也有男人喜欢。（众笑）

师：我同意。如果木兰以后做了母亲，她会是个好妈妈吗？（众笑）

生：木兰文武皆备，会生活，又好玩，这种妈妈孩子肯定喜欢。

师：辣妈啊！（众笑）所以，《木兰诗》的高潮啊，老师觉得应该在这里。同学们找一找，第五段，哪个词语反复出现的次数最多？

生（急急地举手）：是"我"。

师：太棒了啊！来，读，读出这一溜的"我"。

（投影展示）

> 开我东阁门，
> 坐我西阁床，
> 脱我战时袍，
> 著我旧时裳。

师：同学们，这些"我"是多么可贵啊！在所有的女性文学之中，因为这些"我"，《木兰诗》成为了超凡脱俗的存在。中国女人一向无"我"，哪怕最高贵的皇后，也要自称"贱妾"啊。（众笑）但我们的木兰，她活得那么独立，那么真实，那么理性，也那么快乐，那么跳脱，那么温柔，那么张扬……

师：她没有被男性世界毁灭，而在男性世界中成功地保全了自我，发展了自我。木兰是个最美丽最具魅力最有尊严的女郎！所以啊，王老师写了一首小诗，这么夸木兰的，送给大家。

（投影展示）

《夸木兰》

女儿何必要如男？云鬓轻绾花黄沾。

磨刀霍霍猪羊声，赛过明堂天子宣。

沙场报国献肝胆，爷娘承欢绽笑颜。

不爱武装爱红妆，描了柳眉庆回还。

（组织学生朗读）

余卫华悟课：从"女汉子""女英雄"到"女神"，再到意蕴丰富的"女郎"，王君老师用一系列变化的词语展现了木兰不同的形象特点，更从"女郎"这个词语上延伸开去，让木兰成为历史上第一个为女性代言的人——冲破桎梏，突破自我又成就自我，大声宣告"我是一个女人"！这是一个多么润物无声的强大生命场！

师：老师真是惊叹，在那么古老的文学作品当中，会有这样一个让我们敬爱喜欢的女性形象，她奉献了自己，但更活出了一个明媚的自我。感兴趣的同学可以在网络上查一查王老师的另一篇文章，叫作《谁说女子要如男？》。作为女孩，要有女孩的活法，要知道在什么样的背景下，在什么样的时间坐标轴上成为一个什么样的你。这样，才能够完成自我，得到尊重和喜欢。孩子们，《木兰诗》是一首非常有意思的民歌，在你们的成长过程当中，再慢慢去欣赏，去体会。来，最后让我们再拍掌朗读最后一段，一个姑娘的最高价值，就是她带给了自己欢乐，也带给了周围人欢乐。

（带领学生欢快地拍掌诵读最后一段，在诵读中结课。全场响起热烈的掌声）

刘亚悟课：通过撰写对联走出文本，感受木兰真实的内心情感；通过朗读片段走进文本，体会木兰独立的女性形象；通过展示教师诗歌再次走出文本，提升对《木兰诗》的理解并进而认识到生活中女孩子应有的活法。在文本中几进几出，学生活动之丰富、教师指导之详细、教学方法之灵活、学生热情之高涨，无不令人赞叹！

名师简介

王君,清华附中语文特级教师,广东省清澜山国际学校首席语文教师。获评2014年首届全国中语十大学术领军人物,获评2015年全国教育改革先锋教师。2016年入选"百年中国语文人博物馆"。全国中语优秀教师,北京大学等全国几十所大学特聘"国培"专家教师,兼职硕士生导师,全国初中语文名师工作室发展联盟理事长。获教育部首届国家级教学成果二等奖、全国课堂教学大赛一等奖。公开发表各类教育教学文章上千篇,17篇被中国人民大学报刊复印资料全文转载,另出版专著16部。应邀至新加坡、马来西亚、中国香港等国家和地区讲学几百场。自2005年以来,首倡"青春语文"教学理念,在全国有广泛影响。

教法就是活法

读了王君老师的《木兰诗》教学实录，心灵深受震动。这次品读的过程是知识再造重组的过程，是教育理念更新深化的过程，更是心灵接受洗礼的过程。她的《木兰诗》这一课，让我看到了语文的广阔天地。

一、见自我，见天地，见众生的青春语文特质

王君老师曾说："一个人你怎么活，你就怎么教；你怎么教，你就怎么活。'语文行为'和'生命行为'是相通的。"而青春语文的研究着力点就在于打通教法和活法，青春语文的追求，就是要见自我，见天地，见众生。

在课堂上,王君老师设计了朗读这一重要环节,学生通过多种形式的朗读(这里称作"演读"似乎更好,因为她对文本进行了再创造,对朗读进行了详细指导,这里的朗读已经不是课堂上所常见的一般意义的朗读,而是通过全体师生共同的表演朗读)抓住木兰形象的矛盾点,反复体会木兰独特的真实的女性形象。有了读的基础,学生通过与老师的对话和创造性的写作,创设了一种情境,回到了当时的场景,深刻体会到了木兰作为一个女人的真实内心情感,还原了一个美丽善良,更重要的是有责任有担当的平凡又令人尊敬的女性。尤其是读出"我"的这一环节,不禁让人赞叹王君老师目光之敏锐,这个"我"正体现了木兰自我的觉醒,正是花木兰这一女性形象在文学史上的意义。

　　我们读《木兰诗》往往读出的是巾帼英雄,王君老师恰恰相反,她读出的是一个可爱的邻家女孩。当我们调动全部的生活积累,去想象,去补充,去还原,就会发现木兰是一个爱生活,爱美,爱兄弟姐妹,爱家庭的好姑娘,这样的姑娘人人喜欢。你在木兰身上发现了自己的影子,从而木兰也就有了众生的意义。

　　我一直觉得,读文本一定要勾连起生命,运用自我的生活情感经验,和作者与文本架起一座桥,从而与文本发生"共情",只有这样,读者与作者才能发生共鸣。阅读文本,一路发现,发现别人,发现自己。

二、在语文教学的本位上提升学生的思辨能力

教学要达到的能力很多,例如知识的、情感的、技能的,那么从思维能力上说,学生的提升目标是什么呢?我觉得,从当今教育教学的热点和学生终身发展的需求来说,当是思辨能力。思辨能力是一个大概念,如何在一堂课一个文本里去提升?这就看老师的选点能力了。

王君老师这一课聚焦人物形象,采用矛盾式赏析法,选点精准独到,聚焦一个问题,集中用力,挖深、挖透。我不禁为她的选点击节叫好。《木兰诗》整节课的教学设计紧扣"矛盾"一词,分别采用讲解的方法,讲矛盾背景——历代文学作品中女性形象的矛盾;朗读的方法,读出矛盾——矛盾对立式诵读;写作的方法,写出"矛盾"——还原木兰的女人形象;总结的方法,"矛盾式"总结——提炼出木兰形象的矛盾统一。整堂课设计精巧、用墨如泼、自然流淌、水到渠成,堪称思想艺术与精湛技艺的完美结合!

在教学中我常常有这样的困惑:既想提升文本的思想含

量,使课堂有文化品位和思想厚度,又苦于学生积淀不够配合不到,所以,最后美其名曰的提升学生的思想变成了教师一言堂的说教。看了王君老师的实录,我才明白其中的原因。一是教师本人的解读功力不够,自己的认识就是一个个的标签,不假思索地把这些标签递给学生,让学生按照自己的步骤贴在文中人物身上。二是不尊重学生,没有足够的耐心与学生沟通、给学生点拨、倾听学生回答,越俎代庖,急切地将自己的结论强加于学生身上,以为学生获得了高质量的思想,其实,学生没有通过探究去发现,吃的是别人嚼过的馍,没味道没营养。而这一课立足于语文教学的本位,在反复朗读、文本分析、创意写作中体会人物形象,提升思辨能力,既有语文味,又有文化味,还有思想味,当然也有朗读味和写作味,五味俱佳。

王君老师用她的"青春语文"引领着千万个语文人追求着自己的梦,修炼着自己的心,她曾说:"语文,让我们的灵魂不生一丝白发。"就让我们一起追寻,一路修行!

本文作者:刘亚

构建一个三维立体语文课堂

在这节别开生面的语文课堂上,王君老师用她独特的构思作经,用循循善诱的引导作纬,用她敏锐的眼光和善待学生的心作宗旨,为我们构建了一个有高度,有广度,有温度的三维课堂。

一、意想不到的构课高度

独具慧眼的切入点——黄河之水天上来。

这节《木兰诗》首先让我惊艳的是王老师对课文内容的大胆整合——她摒弃了那种亦步亦趋的、规规矩矩的课堂流程,而是像一个灵感乍现的作家,不拘一格地从"矛盾"入手,走进文本,最后从"矛盾"中走出,领会文本。她越过文本和教参,越过前人对文本的咀嚼和解读,用慧眼发现了

《木兰诗》一课能够牵一发而动全身的关键点——"矛盾",就像习武之人研习了上乘内功后,突然自我打通了任督二脉,于是所有的功力都可以融会贯通一样。我相信,王老师在构思本课的时候,当"矛盾"这个灵感进入她的思想里时,她一定也为之欣喜若狂,找到了通往引领学生的路。这样一种高度,似乎只应天上来,给我们备课一个莫大的启迪——找准切入点,事半功倍!

二、别开生面的创意广度

独具匠心的矛盾式阅读——会当凌绝顶。

本节课的"矛盾对立式阅读"实实在在地为我们呈现了一场诵读盛宴。围绕着"矛盾"这个核心词,教师在读前所做的构想、读的内容、读的形式、读的效果,以及现场诵读时教师的点拨与鼓励,无不处处体现着教师高超的教学思想和教学艺术。我反复地观看,由衷地敬佩,这样一场诵读,似乎就是在课堂上的一次别开生面的音乐盛会,王老师是导演兼指挥,她带领学生走进她用心谱成的乐曲中,用鼓励的眼神,用时而激昂时而柔美的语调指挥学生的进退,让学生领会到"女亦无所思,女亦无所忆"的柔情,体会到"旦辞爷娘去，暮宿黄河边"的哀婉，沉浸到"当窗理云鬓，对镜贴花黄"的欢乐……而这些，又都是和"万里赴戎机，关山度若飞"的豪迈形成矛盾式的对比。新奇巧妙的设计形式，让我不由得感慨：只有专心研课的人，深入文本的教师，才可以这样大开大合、游刃有余地对一堂课进行自我创造，胸中有丘壑，才可以眼中有广度！

三、贴近青春的心灵温度

亲和温暖的诗意语言——润物细无声。

钱穆先生说，人生应该有艺术人生、文学人生和道义人生三个阶段。艺术人生重在对物的感悟与塑造；文学人生重在对人的感悟与塑造；道义人生重在对心的感悟与塑造。我时常想，每一个语文老师，要让自己在学生心目中成为一个艺术家，和学生一起去感悟世间万物；成为一个哲学家，去塑造和影响学生的成长；更重要的是要成为一个善良的有道义的诗人、长者，走进学生的生命，去唤醒学生的心灵，陪伴他们一路走向诗和远方。

王君老师就是这样一个善良的有温度的诗人和长者。她一直呼吁青春的语文，让语文贴近青春的心灵，让语文永远保持青春。她本人也是一个充满活力和激情的诗人，在教育教学中，总是用最亲和的语言给学生们指导人生的方向；用最深情的呼唤唤回迷途的孩子；用最贴心的关注，告诉学生们该如何把握青春的小船。例如在本节课中，她用立体多元式的评价，还原了木兰女孩子的形象，然后深情地告诉青春期的孩子们："一个女子的美跟她的长相没有绝对的关系，世界上没有丑女孩，只有懒女孩，不管你长得怎么样，如果你爱生活，会打扮，如果你有气质、有故事、有经历、有传奇，那你一定有动人之处""作为女孩，要有女孩的活法，要知道在什么样的背景下，在什么样的时间坐标轴上成为一个什么样的你。这样，才能够完成自我，得到尊重和喜欢"。

我想，这样亲和的语言，这样贴近心灵的谆谆叮咛，宛若慈母深夜里轻轻抚摸的温暖，任哪一个孩子的心不会荡起温柔的涟漪呢？生活的语文，青春的语文，有温度的语文，被她细无声地滋润到了每个孩子的心里。她一直就是这样用文字浸润着学生的双眸，用爱关注着学生的心灵，用自我的不断发展引领着学生的成长，做她的学生，是幸福的。有语文的陪伴，王君老师一定是永远青春的！

本文作者：赵彦辉

讲读写结合巧设计，步步为营有厚度

早就听闻王君老师秉持的"青春语文"的教学理念，也听说王老师对讲课要求严苛和追求不懈，甚至有语文老师要敢于"死"在公开课中的主张。

当我观看了王君老师设计和驾驭的《木兰诗》一课后，我仿佛看到了她为上好这堂课而昼夜冥思，反复尝试，不断改进，推翻原意，别出心裁的情景；又仿佛看到她青春笑靥，顾盼神飞，旁征博引，运斤如风的风采……

就《木兰诗》这一课而言，我认为王老师巧妙地将讲读写结四步设计串联起来，教学步步为营，构思和实践有文学、历史和人性的高度。

一、大处着眼有厚度

第一,知人论世。一开始王君老师从历代文学作品中女性形象矛盾的大背景入手,这就使得文本解读与课堂内容既有了文学的厚度,也有了历史的厚度,更有了人性的厚度,而不是就文析文,就人论人。

第二,整体感知。王君老师先从民歌的典型句式入手,从整体诵读出发,让学生在轻松愉悦中走进文本,走近木兰,而不是分层拆句,条分缕析。

第三,重视方法。在明确目标及重点后,让学生掌握立体剖析人物形象的方法,从而把准了解读文本的主脉,如庖丁解牛般,披大隙,导大窾,游刃有余于肯綮间,而非浅读浮吟。

第四,旁征博引。先是从生活中的追剧谈起,自然引出木兰"雌雄"同体的矛盾心理;再从四大名著中提炼出古今女人难存身的尴尬处境,从而导出后文的矛盾对立式解读。可以说,王君老师的导入是大手笔,整体设计,兼顾方法,增加了文本的文学、历史和人性厚度。

二、细处入手有妙趣

王君老师通过"矛盾对立式诵读",从文本的细微之处阐发,妙语连珠,妙趣横生。比如,抓住到底是"女汉子"还是"女孩子"这一幽默而有趣味的问题,让学生从文本中找答案,通过对几组矛盾对立处的勘察和探究,剖析出详略虚实写法的妙处。

又如,让学生在仿句填充中,深入探究和剖析人物的内心,既降低了学生分析的难度,更给学生提供了赏析的绝佳角度。再如,通过矛盾对比朗读和想象拓展解读,使简洁的诗句意蕴丰厚起来。朗读稿的设计别具匠心,让学生紧紧围绕文本,牢牢抓住朗读,读出多样性、层次性。通过领读、齐读、分角色读、轮读、强读、问读、复读、变读、拖腔读等,增加了学生读的趣味性和立体感知人物的能力;通过分组读、分节读、分人读、单读与合读、主读与和读等,让诵读有条不紊,按序进行;通过带着感情去读、投入文本角色去读,切实投入地走进文本和人物内心深处。

这部分的精心设计和灵活驾驭，突出了文本诵读和人物解读的主体地位，也突出了教师主导、学生主体、文本主线的教学理念。可谓构思细致，样式翻新，读思结合，妙趣横生。

三、发散思维写中悟

在大背景铺垫和整体感知之后，王君老师非常明智地将文本解读的重点定格为木兰的女人形象这一核心上来，并且由读转写，全面立体赏析人物形象。

从开始的学生朗读自创的文段赏析人物，老师及时鼓励，点拨细致，披情入文，到后来的老师现身说法，巧做类比，设身处地、通俗易懂且不失诙谐的语言引导与分析，足见老师功力之深厚。

对文本的解读和人物的剖析，一直在鲜明对比和虚实矛盾中进行，但都围绕着木兰这一女性形象进行，如辐条车轴，虽散仍聚；似散文神形，行离神合。尤其有趣的，是对木兰姊弟的描写，可谓神来之笔。"阿姊闻妹来，当户理红妆"，既写出木兰姐妹情深意亲，又直接写出阿姊闻妹归来之喜，更侧面写出木兰之美或其之爱美，还与"开我东阁门，坐我西阁床,脱我战时袍,著我旧时裳。当窗理云鬓,对镜贴花黄"呼应。可谓姊妹互现,见此知彼。

本部分多角度、全方位、立体化解读木兰形象,朗读仿写结合,正侧面读写分析结合,当堂生成与借鉴既成结合,适时引导和师生互动结合,翻译诗句和情景再现结合,等等,王君老师匠心设计,循循善诱,紧扣文本,抓住形象,诱思深入,储备广博,兼顾细节,读思互现。

四、对联概括对比出

作为叙事诗的乐府双璧之一的《木兰诗》,其叙事上的艺术手法,堪称完美;其人物形象充满矛盾和谐之美,文本主旨富有厌战祈和之意。而作为替父从军的木兰来说,其心理上的矛盾和喜好上的统一,无疑增加了文本的可读性和探究趣味。而如何提炼出既矛盾又统一的木兰形象,王君老师可谓用心良苦,匠心独运——采用"矛盾式"对联概括法,紧扣人物心理、性格、喜好、言行等进行文本和形象概括。这样既增加了文学文本的解读底蕴,又紧扣着"矛盾式"解读的趣味主题,而且根据学情,灵活处理,或读或填,适时而异，语言不乏幽默，过渡巧妙自然，木兰追求"自我"的爱美、孝慈、自信等形象跃然纸上。

整个教学设计和课堂驾驭由矛盾始，以矛盾结。在矛盾对比分析中，层层设计，步步引领，师生互动，读写思析，以木兰这一人物形象的解读为中心，从大背景高标导入，用对立矛盾法分析层进且贯穿始终，形式多样，剖析有据有理有力，带给我们解读古典诗歌的新的模本典范。

精思巧设功自显，背景大处瞩高远；矛盾对立解读妙，读写结合聚亦散。

谁说女子要如男？诸君且看花木兰。不愧名师王君者，大笔如椽思如泉。

本文作者：王泽宾

当青春走过课堂

每次听王君老师的课,都感觉有一团熊熊的火焰在课堂上窜,她走到哪里,那团火就烧到哪里。跟着她青春的表情,跟着她具有煽动力的声音,跟着她对文本的不同寻常的解读,听课者总忍不住激情澎湃,忍不住要随着她起舞。

一、青春勃发,时尚来"打卡"

王君老师曾说:"青春之语文,是崇尚'张扬',是舞真善美之彩练,是蹈春之声的圆舞。"青春,是她课堂的底色;时尚是她直达那些青春少年内心的一条捷径。

她是时尚的,总是能抓住眼下最时尚的话题,或者是一部热播剧或好电影，或者是一些网络热词，或者是一些青少年最感兴趣的事件、口头禅……在这节课中，她还用了一部热播剧《大唐荣耀》引发了孩子们一阵会心的笑声，还从剧中找到了"一定"要跟孩子们交流的内容——独孤靖瑶大声喊出"请你把我当女人来看，不要把我当作将军"——这样一句台词来切入课堂，为解读《木兰诗》打开了一篇广阔的天空。如此开场，既新鲜又贴切，牢牢地将学生吸引到课堂与文本中来。

还有一句"名言"——"宁愿坐在宝马车里哭，不愿坐在自行车上笑"——它曾经辖制过多少青春少女的爱情观人生观；而"女神""女汉子"直到现在也仍然是一对热词，时时被人提起……青春勃发的课堂，一定是最会心的课堂，一定是笑声最多的课堂。虽然是陌生的老师，可有这样熟悉且直入内心的内容，孩子们就是忍不住要表达自己，要表现自己，这该是多么让人欣喜的课堂！

二、标新立异，解读出奇招

王君老师有一种让人极为佩服的能力——"死磕"文本，所以，她的课堂呈现更多的便是"言人所未言，想人不敢想"

的新奇，从而产生一种热切的渴望，而这正是青春活力充溢的表征。

在解读《木兰诗》时，她首先在定位上就不是普通地"讲一个故事，认识一个人，升华一种感情"的普通解法，不去重点讲人所共言的木兰的勤劳、勇敢、坚强、爱国，反而在文本中揪住了一对"矛盾"——木兰究竟是"女汉子"还是"女神"？

为了解决这个问题，王君老师奇招频出。先是以热播剧中的一个女将军的深情呼唤为文本解读打上了一层底色，引导孩子们进入一个秘境；接着，又用点评中国古典文学作品中的女性形象来促使孩子们进行个性化思考；随后，在老师创作的作品朗读中去体会木兰身上的矛盾；而她并未到此为止，她还要让孩子们写出木兰身上的矛盾……一个接一个的"招数"让学生一步一步踏入奇境、妙境，欲罢不能。

在课堂交流中，她也总能有一些让人始料不及却又直抵人心的解读。当学生认为木兰淡泊名利时，她不但立刻反驳，还理直气壮地告诉学生"功名利禄本身并不是一个贬义词，靠自己的打拼获得功名利禄很光荣啊"，而这样的解读多么贴合孩子们的心理！

三、眼中有人，课堂见情怀

在课堂上，王君老师把更多的精力放在了学生身上，真正做到了眼中有"人"，她的课堂语言，实实在在地展露了一种为人师的情怀。

她知道学生害怕古诗文，就要求学生除了"读得准，读得快，读得流畅"之外，还要"读得欢乐"。克里希那穆提曾经说过："只有在没有恐惧的情况下，学习才能真正发生。"于是，她就让他们"欢乐"地读，"欢乐"地学！

她对学生有一种发自内心的激赏，当孩子说木兰是个"恋家"的小女孩时，她说："我好喜欢你用的一个词语……这个'恋'，太深情了！"当孩子说道"她站在父亲的窗前的时候"，她深情地赞美"生女儿真好啊"。

王君老师说过，青春之语文，是坚信教学艺术的本质不在于传授本领，而在于激励、唤醒、鼓舞。她就是用自己的行动践行着这样一个强大的理念。

青春，是人生中最亮丽的一抹色彩，是照亮未来人生的一束阳光，更是老师陪着那些少年度过的一段又一段的绚烂岁月。让青春走过课堂，我们的人生便似永远都活在了青春里。

本文作者：余卫华

悟 课 人

  陕西省延安市实验中学　　刘　亚
  黑龙江省牡丹江市实验中学　　赵彦辉
  山东省临清市第二中学　　王泽宾
  河北省邯郸市第一中学　　余卫华

张玉新老师《李清照词两首》课堂实录与研究

《李清照词两首》课堂实录

【执教】吉林省教育学院高中部　张玉新

【上课时间】2012年5月12日

【上课地点】吉林省白山市第二中学

一、方法导入，务求实际

师：刚才，和同学们做了一个简单的沟通，大家在课前已经预习了这两首词。这也是我和同学们想达成的第一个共识，就是像诗词这样非常优美的文字，同学们一定要在老师讲课之前把它背下来。为什么要把它背下来呢？因为语文课堂，绝不是零起点，尤其像我们两个班：一个文科实验班，一个理科奥赛班。以你们的智商水平，背这点内容根本没有问题，但如果你不背的话就只好等着下课再背了，那就被动了。

大家都知道，你们做奥赛题时怎么才能做得快，不是现场反应有多快，是因为你在提前有了一个准备的方案，你拿到这个题后马上就能想起曾经做过的类型题。语文也是这样，你背的这个东西，有时就成了你的语言能力的一个组成部分，当你在表达的时候它自然而然就化成了你的语言。

王建红悟课：张老师的公开课，是"原生态"语文教学，着眼于语文教学的"返璞归真"，不做提前彩排，不影响上课学校的教学进度。尊重学生的自然本性，以学生的现实水平为基础，使其在教师的指导下得到普遍的提高。教学设计起点较高，即在老师讲课前把两首词背下来，背诵是本节课的起点，而在许多课堂也是终点。所以，只有在了解学情的前提下设计符合实际的教学起点，才有可能取得理想终点的课堂效果。

楚丽娜悟课： 加强诗歌的内容理解，是解密和探究诗歌情感的关键所在，而如何加强对诗歌内容的理解，各位语文教师可谓是"八仙过海，各显神通"：有逐字逐句进行疏通和翻译的，也有呆板地通过分析固定意象来挖掘的，还有通过找寻诗歌中的"诗眼"来解析内容的。不能说这些方法不好，但这样的结果会产生两难的教学现状：一味强调老师的讲解，学生学习被动，教学效果不理想，而放心地交给学生，学习的效果又可能会良莠不齐。张老师的导入，及时巧妙地解决了这个两难境地，采用了务实、高效的方法——背诵。通过鼓励、要求、引导的方式，潜移默化地让学生接受这种学习诗歌的方法，完成"自主"学习的初步要求，既对诗歌内容有自己的理解，而且是可以带着自己的问题进入课堂，结果事半功倍！

王晶悟课： 这节课的导入纵横错落，看似平易，却彰显了大家的风范和水准。横向观摩，牵引力十足，课前的沟通与共识的达成拉近了与陌生学生的距离，学生学习心理和情感更易于接受；纵向体味，高屋建瓴，直接点明诗歌学习的要求，要能达到识记的基本要求，要有接纳的主动性，要通过学习内化提升个人的语言修养。

二、研读文本，鉴赏诗歌

师：今天我和同学们一起用一种我所认可的方法学习词，算是一种切磋。第一首《醉花阴》里有没有基本的情节因素？这就是我们今天学习的第一个问题，哪位同学能回答？

王晶悟课：设问明确，张力十足，带动学生走进文本，为学生的思维开启铺设了一个可进入的思考平台，如一扇门，訇然中开，情境十足。

生：《醉花阴》是写了作者思念她的丈夫，所以，在喝酒的时候联想到这一切，抒发了一下内心的感受。

师：也就是说，思念她的丈夫是核心的事件，一边喝酒一边思念。在这首词里边，有没有她思念丈夫的字眼呢？

生：没有。

师：没有。为什么李清照思念自己的丈夫却偏偏不写思念的字眼呢？所以，这就是我们学这首词的一个入门。怎么理解李清照这样的一个做法呢?我给同学们再出一个问题,看一看《醉花阴》里边有几个关于时间的词?

(老师范读《醉花阴》)

王建红悟课:张老师引导学生鉴赏诗歌的第一步:"懂事儿"——思念她的丈夫是核心的事件,此为宏观阅读。然后,由"思念自己的丈夫却偏偏不写思念的字眼"词中"有几个关于时间的词"引导学生微观阅读。学生基础较好,因此宏观阅读简单处理,将教学的重点放在微观阅读上。

王晶悟课:中心问题直扣这首词的写作法门,借一问而牵动全词,为研读此核心问题又设置了有梯度的生活化的平实问题。学生有能力捕捉体味,进而慢慢真正走进文本,走近李清照,让冰冷的文本因学生的靠近而温暖起来。

师:有没有时间词?

生:有。

师:哪些?

生:永昼、半夜、黄昏。

师:同学们看一看,这几个时间词,你能想到什么?

生：我觉得，词人把自己的思念寄托在这几个时间词上了。重阳是家人欢聚的时刻，而李清照却因为丈夫不在家而思念丈夫……

生："黄昏"，日落的时候，在这个时候本身就比较惆怅。作者在这里是借景来抒情。

师：你通过对时间词的分析，重点地分析了重阳这一天独特的内涵，因为它是思亲的，再一个就是"半夜凉初透"，你对"半夜"的枕席之凉的深刻理解。好，请坐！

师：这里有一个问题，从时间线索上来看"薄雾浓云愁永昼"，这是白天；"半夜凉初透"，从白天到半夜；"东篱把酒黄昏后"上阕到半夜，怎么下阕又回到黄昏了？这是不是有点混乱？所以，有的版本认为"半夜凉初透"应该是"昨夜凉初透"。你怎么看这个问题？

生：昨夜比半夜说明思念的时间更长，更深。

师：因为昨夜比半夜在时间往前推一天。从这个意义上理解，在重阳节的这一天，我就开始思念，其实呢，是昨天半夜就开始了，一直到今天。这样就把思念的时间推到了前一天。同学们想一想，我们日常生活中，你妈妈会说："哎呀，我们的宝贝女儿明天就过生日了！"一般不说："哎呀，我们的宝贝女儿今天过生日!"得打出一个提前量,思念也是有提前量的。所以张老师更赞同是"昨夜凉初透"。

王建红悟课: 在前边宏观阅读的基础上进行微观阅读。展开时间词——思念——重阳佳节的思维过渡;紧接着,又生成新的问题:"上片到半夜,怎么下片又回到黄昏了。"不用学生陌生的专业化术语解读,而是追求生活体验式地解读,在解读中共同体验审美愉悦,得出"思念也是有提前量"的结论。

王晶悟课: 张老师通过个人的生活阅历和文学积淀对文本进行个性化解读,让我深切地体会到学生在优秀教师的熏染下,才会成为一个会思考的个体,一个有独特视角和真实情感的人。这应该是每一位语文教师的使命。"时间词"在他的个性化解读中完美收官,学生审视的多维触角慢慢张开。

师:同学们再看一看有没有场景的变换?

(同学们自由朗读)

生:卧房、厅堂(书房)、自家的院子里。

师:由室内到室外,从白天到晚上,我们这个时候就能体会到李清照词的妙处了。从时间上看是从昨天晚上开始的，到今天白天再到黄昏。空间呢，是由厅堂或者书房到卧房然后转移到室外。她所做的这些事都是在干嘛？

生：思念。

王建红悟课：采用启发式教学，由空间词的变化引出女词人活动场所的变化，一个独守空房的女人，一个人的相思，一个人的闲愁，一个人的爱情。空虚、无聊，空间的频繁转移暗示词人心烦意乱，重阳佳节独守空闺，思念丈夫的孤寂愁绪。

楚丽娜悟课：依据课本、有的放矢、联系生活、打破常规是这个环节的特点，能够让学生感受到《醉花阴》这首词的高妙：能够"感其味"，却"了无痕"。张老师对这一情感的强调，不借助诗歌的写作背景，而是引导学生从文本入手，抓取表示时间的词"半夜""永昼""黄昏"，成功地破译出作者对自己丈夫无时不在的思念之情。同理，学生也能够很快找到表示空间的隐含词语，发现地点变化，挖掘出作者思念无处不在的状态。不但能够"以意逆志"地理解文本字里行间中隐藏的这份愁绪，还可以让学生在脑海中活化因思念越深而愈加憔悴的诗人形象。

师：都是在思念！这篇文章表达情绪的字眼有什么？这是学习这首词的一个相对复杂的问题。表达情绪的字眼，你能直接看到什么？

王晶悟课： 激情澎湃，渲染天成。全词情感的"可观处""直观处"，在时间和空间两个问题的点缀下得以无痕凸显。学生的思维之水在张老师的疏通下自如流淌，畅快！

生：愁、销魂。

师：那我们可以达成这样一个共识：上阕一个愁，下阕一个销魂，点出了情绪。这两点是直接地点出了情绪。那我们再看一看，间接地表达情绪的字眼还有什么呢？

生：瘦。

师：瘦，消瘦，怎么瘦的？

生：比黄花瘦。

师：那是瘦的样子吗？怎么瘦的？

生：愁瘦的。

师：愁瘦的，是为什么愁？

生：思念。

王晶悟课：曲径通幽，曼妙绝伦。李清照被人称为"李三瘦"，除本词名句"人比黄花瘦外"，《凤凰台上忆吹箫》中有"新来瘦，非干病酒，不是悲秋"之句，《如梦令》中有"知否，知否，应是绿肥红瘦"之句。评论者多议李清照喜以"瘦"字入词，来形容花容人貌，张老师的课堂中生发了"瘦与愁容""瘦与思念""瘦与无奈"……情感细致，画面鲜活生动，学生的想象空间被无限延伸。词中情感的"曲微处"在此问题的推敲中迂回显现，体味视角细致入微，引导学生于有形之态探究无形抽象之绪，匠心所在。

师：刚才，我们探讨了这首词非常高明的艺术手法。写时间不高明，写地点也不高明，写愁，你说"愁永昼"也不高明，你说"销魂"也不高明，那么什么高明呢？

刘艳梅悟课：司空图在《诗品·含蓄》曾有言："不著一字，尽得风流。"这句话是评价诗词的写作十分讲究"藏情"艺术，即诗人不使用一个直接的词语，便可将事物的精神实质表达得透彻淋漓、美妙超逸，使诗词达到意在言外、含蓄隽永、意境深远的艺术境界。而这首《醉花阴》便是此等佳作，张老师引导学生抓住了这首词的学习重点。这首主要写李清照思念丈夫的词作，为何通篇没有她思念丈夫的字眼呢？随后，他的三个精彩设问，层层剥笋，多角度思考，从时间、空间、情感三个维度带领学生去把握一代才女李清照是如何凭借缠绵悱恻的文字来诉说对丈夫的无尽思念。

师：我们推举一位同学把这首词读一下，在朗读中来体会。

（生读诗）

师：东篱把酒黄昏后，有暗香盈袖。这个香气是我们能看到的吗？

生：不能。

师：既然看不到，为什么会有明暗之分呢？你能理解吗？为什么是暗香？

生：这个暗香应该是酒香。

师：酒香有明暗之分。

生：可能是她当时和丈夫一起饮酒赏菊时候留下的，所以是淡淡的。

师：这个可不是"瑞脑销金兽"的那个瑞脑，它可没有那么持久的香味。菊花的香味是淡淡的，这里边应该是她采菊之后的香味，肯定不是去年的这个香。

生：我想应该是想起了当年的菊香。

师：你是说她由这个香想到了当年的那个香，是不是这个意思？于是就"暗香"。也不能说没有道理，你看一下能不能从另一个角度考虑一下。当时是一个什么样的时间？

生：黄昏。

师：黄昏有什么特点啊？

生：有夕阳。

师：夕阳而且昏暗。不明媚，肯定不是永昼。这个"暗"字与天气相合的，作者用了一个"暗香"。"暗香"幽幽地表达出和当时的天气相吻合的一种"香"。并且可能想起了去年的情景，甚至可以想象她丈夫在那时采一朵最美的菊花别到妻子鬓边的这样一种举动。多么浪漫啊！

王建红悟课：继续进行诗歌鉴赏的第二个层次："知趣儿"。描写感情的词语不难找出，有直接的"愁、销魂"，还有间接的"瘦"，为何而瘦？因为词人强烈的寂寞和相思。

引导学生理解下阕中的"暗香",与上阕中的"黄昏"相联系,"暗香"幽幽地表达出和当时的"黄昏"天气相吻合的那样一种"香",酒淡无味,黄昏暗淡,西风恼人。由此触发词人"岁岁年年人不同"的伤感,触发对丈夫的思念,回归词作"思念"主题。

王晶悟课：循循善诱,别开洞天。分析元素丰富充沛,画面因多维而立体,调动学生诸多感官将体会文本升华为生活化的切实感受,在张老师的解读下,让学生捕捉画面中的嗅觉、味觉、视觉效果,体会画面外曾经的温暖而美好,而这份美好更加强化了作者的失落、孤独与思念,可谓感人至深,忧伤终老。

刘艳梅悟课：张老师对"暗香"的设问颇具启发性,这个"暗香"究竟指什么呢？其实,许多老师最怕学生意见不一,心中总是抓着先入为主的教参念念不忘,严重地影响了学生思考的深度和广度。本该七嘴八舌、精彩纷呈的课堂变成了毫无生机的异口同声。因此,这里关于"暗香"这一问题的师生探讨便更显珍贵,这应该是语文的原味——有理性的思辨、有感性的想象。"暗香"的"暗"字到底有何韵味、高明在哪里？它可能是在与黄昏昏暗相呼应，它可能是一种难以排解的难言情思，它可能是若有若无的幽幽酒香、菊香……这其实是一个开放性的问题，因为诗不是目的，而是一种可能。这也是张老师本课的魅力所在。

师：最后一句：莫道不销魂，帘卷西风，人比黄花瘦。为什么叫"莫道"呢？

生：莫道就是不用说。

师：我是不是心怀愁绪，这还用说吗？你看一看那菊花就知道了。那菊花被西风吹得都已经消瘦了，而我呢，比那菊花还要消瘦。你说我不是想你想的又是什么呢？所以，这首词最迷人的地方：本来就是写思念的，但就不出现这个字眼。所有的景物没有一处不关乎这样一个思人怀人的主题。所以，有的选本说《醉花阴》叫作《重阳》，有的写作《重九》，还有的写作《九日》。就围绕重阳这一天特定节令的特点，选择相当丰富的一些物象，来传达自己的一种主观的情绪。这才是《醉花阴》真正高明的地方。

王建红悟课：结句"人比黄花瘦"，盛开的菊花本就不丰腴，人却瘦于菊花，"为伊消得人憔悴"，完全是因为对丈夫的思念。全词表达对丈夫的思念之情，虽不着一个"思"字，却通过"一切景语皆情语"来表达思念，这是全词的高明之处，也是张老师的高明之处。

楚丽娜悟课：构建了情感的桥梁，如果中途易辙，不再强化对文章情感的理解，学生就始终不会深刻理解诗歌中思念的浓郁，且刚刚建立的课堂连贯思维也会戛然而止。所以，张老师继续从"思念"情感入手，将这座情感的"桥梁"拓宽、延伸。他引导学生找到上下片中各自强调"思念"的词语——"愁""销魂""瘦"，有层次、有重点地引导学生再现这几个词所统领的画面，也让学生更加深刻体会到作者情感表达含蓄但不失深情的特点。

王晶悟课：酣畅淋漓，水到渠成。自然的时令、自然的环境、自然的物象，层层铺设，终言"莫道"的情感，尽显了文本简约而情感浓厚、凄美。在张玉新老师的指引下，让学生能够于自然中自然地走进文本，于生活中深情地走出词作，尽享词作分析带来的无限美好。

师：大家都知道，宋代末年发生靖康之乱，北宋的小朝廷南迁，变成南宋。李清照也在南迁的大军中，南迁之后不久丈夫去世了。他丈夫去世前是在现在的浙江湖州做知府。结婚的时候，她丈夫是太学生，公公曾经做到了宋徽宗一朝的宰相。因名门望族的两个家庭联姻，所以，我说李清照没出阁的时候是大家闺秀，出阁之后是名门少妇。但当她写《声声慢》的时候，她是一个寡妇……

王建红悟课：张老师诗歌鉴赏第三阶段："品味儿"。鉴赏诗歌讲究知人论世，张老师介绍李清照生平，对整节课而言起到一个承上启下的过渡作用，既是对《醉花阴》的总结，又奠定了第二首《声声慢》的感情基调。

楚丽娜悟课：这一环节落实"知人论世"的鉴赏手法，强化了对诗歌的情感解读。但实际操作也有"鸡肋"的效果：不讲，学生会忽略作者及其创作背景，从而造成对内容的曲解和不解；讲，又稍显多余，有时和课堂整体内容情感的兼容性不够。而张老师的处理，让人拍案叫绝：课堂的后半段用李清照的生平经历勾连起《醉花阴》和《声声慢》，继续用情感这座"桥梁",有对比、有区分地强调出了《声声慢》中叠词所营造出的凄凉心境,可谓是匠心独运。

王晶悟课: 通过比较阅读、比较品鉴,极大地扩充了课堂容量,使学生在保有学习热情的情况下求同辨异,加深理解,让学生在学习过程中及时感受学习带来的成就感,从而增强了学习诗词的自信和快乐,无形当中排除了学生普遍存在的品读诗词的畏难情绪。这也应该是语文教师不断锤炼自我,锤炼课堂的方向所在。

师:现在我们再推选一位同学朗读《声声慢》。

(生朗读)

师:非常好,尤其是"点点滴滴",前面叠字读得非常有韵味。下面,同学们一起朗读,注意顿挫。

(生朗读)

师:这首词的韵味和刚才那首截然不同。大家能感觉到不同在什么地方吗?我们一句一句地看,刚才在后面交流的时候,有同学说,别的都能读懂就是叠字读不懂。我们先看一看这几个叠字。"寻寻觅觅",这是动词吧?其实就是寻找,但你来体会,如果说"寻觅寻觅,冷清冷清,凄惨凄惨戚戚"有没有效果?

生:没有。

师:一点也没有。按照构词的方法,"寻觅寻觅"是ABAB式的,李清照把它地改成AABB式。"寻寻觅觅"这个动作的特点是什么?不断地找寻。为什么不断地找寻?仿佛丢了东西,所以在找寻,若有所失故寻觅。寻觅到了吗?没有。寻觅到了什么东西呢?

生:冷冷清清。

师:她找到的结果却是冷清,因为除了她自己在寻找这个动作之外,再也找不到别的东西了,她找到了只有自己在孤独地寻找。那么,"冷冷清清"到底是什么?

生:心境。

师:所以写环境也是在写心境,这就是常说的"一切景语皆情语"。然后我们再看,还有更惨的:凄凄惨惨戚戚。是什么?

生:还是心境。

三、归纳概括，学法指导

师：今天我和大家共同学习李清照的词，目的在于如何生活化地走进读本，如何吸纳更多的信息来理解读本。我特别反对同学们读《教材完全解读》，因为它把你思考的空间给堵上了，你最后就按照它的说法去说，实质上只要是你说的，说错了也没关系。最重要的是，经过我们自己的思考形成自己的思维方式，所以，同学们就以这个教材的原本作为你主要的阅读取向。

师：我们如何提高文化修养呢？很重要的一个途径就是读书，读什么样的书才能表现你们白山二中学生的与众不同之处呢？读别人没读过的书，读别人不愿意读的书，读别人不可能读的书，读别人不知道的书。在读书过程当中形成自己的见识，你的见识比别人高了，才表明你这个人的立足点比别人高了，而不是做很多题尤其不是做很多语文题。今天非常感谢同学们，希望有机会还能和同学们共同分享。

师：下课！同学们再见！

生：老师再见！

名师简介

张玉新，吉林省教育学院高中部语文教研员，吉林省教育学会高中语文教育专业委员会理事长，"张玉新导师工作室"主持人。入选教育部国培计划专家库，国家中职语文课程标准组专家。曾在东北师范大学附属中学任教二十年，秉持"原生态"教学观，是"语文教育民族化"主张的倡导者与实践者。

问渠哪得清如许,唯有源头活水来

教育学家斯多惠说过:"教学的艺术不在于传授知识,而在于激励、唤醒和鼓舞。"强调如果只注重量的积累,忽略质的渗透和理解,语文教育就会失去其真正目的。在现行的《高中语文新课程标准》中,突出了以学生发展为本的课程价值观、科学与人文整合的课程文化观、回归生活世界的课程生态观、创新与发展取向的课程实施观和民主化的课程政策观,强调了语文课是工具性和人文性的统一。在此内容的界定下,要求学生的课堂学习不再是以教师为主,而是以学生自主、合作、探究为教学的主要方式,以强调创新精神和实践为重点,注重培养学生的独立性和自主性,引导学生质疑、调查、探索。所以，新课标要求之下语文课以培养学生的创新思维为重点目标。

创新性思维简单来说就是强调创造性，它并不是高不可攀的，只有科学家、发明家所拥有的，相反，它是人人皆有之。将这种思维落实在语文课堂上，就是要求语文教师在课堂教学中抓住有利的时机，用创新性的手法将教材中有创造性的思维元素进行挖掘和整合，让学生在课堂达到激发兴趣、增长知识、增强自信的效果。

很多人认为，在语文课堂上强调创新意识似乎是一件意义不大的事，但从张玉新老师《李清照词两首》课堂实录中，我看到了创新思维的光彩闪现——运用教学方法的另辟蹊径，使用教学资源的独树一帜，整合教学思维的新颖独到……这些让创新性栖居语文课堂的做法，让我大呼"精彩、过瘾"。

张老师将自己的诗歌教学思维浓缩成九个字"懂事儿、知趣儿、品味儿"。"懂事儿"是指明白诗歌在写什么；"知趣儿"是知道怎么写；"品味儿"则是了解作家风格。这九个字，不仅创新了古代诗歌的阅读及讲授方式，对教学中的重点和难点进行了高效的集中处理，而且让一节语文课有了一个质的提高。统观张老师的这节课，他的思维创新主要体现在以下几个方面。

一、导入阶段：以生为本，质朴高效

在张老师的课堂上，他将诗歌教学的终极目的之一——背诵，放置在了开头。以鼓励的方式让学生"反其道而行之"的接受，让"书读百遍其义自现"的效果提前展现出来。即便就是"不知义"，也能"有所问"，带着这种效果进课堂，让学生在背诵的过程中除了能够感受诗歌语言的魅力，还能够触发学习的兴趣点，也为学生创造性思维的产生奠定了基础，为老师创新意识的呈现提供了极大可能。

二、分析前段：细读文本，创新闪耀

在第一个问题的设置上，用"以生为本"来贴近学生的阅读实际，用"知事儿"的方式，不落窠臼地引导学生回答出诗歌中的情节要素，这个看似和诗歌情感不相一致的问题，实际上把学生的思维放置在一个点上，为后来延伸为一条线，即寻找"思念"是如何体现，提供了捷径。

要想体现"思念"这种很玄的情感，不但需要高明的手法，还要有高超的讲法。张老师在这一问题上的讲解可谓推陈出新、细中见巧。他从作品中时间、地点的变化出发，结合前面情节要素中"思念"的内容，逐步体现了诗人对丈夫的思念无处不在，无时不在的特点。为了让这一内容的理解更有信服力，他继续将文本细读到底，用"细中见深"的方式引导学生从文本中的"愁""销魂"和"瘦"，由浅入深地从现有的问题上再进行挖掘，如"为什么会有明暗之分""黄昏有何特点"等。这些问题，是让学生从已知领域伸向未知世界的心理触及，是创造意识的体现，只有善于发现问题、提出问题，才能激发学生的求知欲和新的学习冲动。由此可见，在课堂上营造一种使学生经常保持好奇疑惑的态度，并获得想象猜疑乐趣的良好的心理环境是创新意识落实的重点，张老师在这方面做得堪称完美。

三、总结阶段：画龙点睛、别具匠心

巧妙的设计更能激发学生的求知欲，也是上课环节中最能体现教师智慧凝结的亮点，张老师用"知人论世"的诗歌鉴赏方法，把作者李清照的生平经历及南宋的时代特点联系在一起，并把它贯穿在《声声慢》的解读中。一节课时间有限,并不能尽数对内容展开细论,但这个巧妙的勾连,继续让课堂闪烁着创新的光芒,让感情的探究和理解延续在对《声声慢》的"品味儿"之中。这种"画龙点睛"的方法,继续将已知迁移到未知领域进行深入的探究的方式,既能刺激学生的好奇心,又能最大限度地激发学生向传统和权威挑战的创新意识。

用创新意识贯穿整个课堂,是基于对文本的细读深解和学情的深刻把握。在课堂实录的"归纳概括、学法指导"阶段,我看到张老师的自评:"目的在于如何活化地走进读本""如何吸纳更多的信息来理解课本"等。这种从自我生活理解入手解读文本内容的方法也是对教学常规和传统的挑战。不以别人的解读为论,运用自己平时的阅读经验来解读文本,活化了教学思维,具有深刻的现实意义。

正如张老师在结尾中所说的,将"生活化"的元素体现在课堂中,本身就值得每一位语文老师思索并尝试。"生活即语文",我们要让语文学习扎根在生活的土壤之中,用创新让每个学生在语文课中都能感受到自己思维的火花绽放的光彩。

本文作者:楚丽娜

本色写意,个性解读

语文课本应是带领学生走进文学圣殿,触摸圣贤者敏感心弦,聆听圣贤者的心灵颤动,感受人世间动人真情的诗意场景。但高考的指挥棒导致高中生重理轻文,语文课堂阵地几乎失守,高中语文教学似乎已是穷途末路。今天听了张玉新老师的《李清照词两首》,感触颇深,方悟语文课堂原来也可以点燃激情、灵动活泼、生机盎然。

一、生本课堂,了解学情是教学的前提

课堂不是教师的专场走秀,而应是师生间密切配合、心灵沟通、思维碰撞的一首交响乐。教师引导主旋律,下课铃响,

师生双方体验到音乐的魅力,领悟到音乐的润泽。张老师到白山二中上课时,热情高涨的学生们都希望感受他的教学魅力,他打破常规两班合上。

之所以做出如此大胆的决定,源于他提前了解学情,然后根据学情,设计前置性学习,布置未学先背的预习任务,并在课前了解预习效果。帮助学生在以后的诗词学习中养成提前背诵的习惯。"'减法式'问题教学,如果不从培养学生的学习习惯入手,肯定没有抓手。"

课后张老师也谈道:"本课中对几个类别的词的分析,因为这几个类别的词与我们的生活有着比较强的关联。在看到学生反馈的调查后,就依据学生的认知能力来确定怎样以'生活化'的方式将作品展现给学生。"所以,只有在了解学情的前提下设计符合实际的教学起点,才有可能取得理想终点的课堂效果。

二、写意梳理,原生态教学生动呈现

张老师这堂课没有循规蹈矩地走"背景介绍、作者介绍、上下片分析、主题情感、写作特色"的传统老路，而是先研究学情，布置学生预习背诵。将宏观阅读前置，课堂上重点引导微观阅读。

在这节课的"下课记"中张老师写道："整节课不停留在细致分析解读文本，而是通过向学生提问时间词、场所词和情绪词，通过这样的追问与分析，破解含在字里行间的愁绪的密码，通过对几组词语的剖析走进了词人的情感世界，较好地体现出我对语文课的另一个追求，就是语文课的美感。"

类别词来破解词作的感情密码，强调意象内在精神实质表现。类似于绘画中的泼墨写意画，不着眼于详尽如实、细针密缕，而着重以简练的笔墨分析诗歌主观情致。"写意"一词，张老师在他的《苏东坡词二首》的"教后反思"中也有提及："没有细致分析解读文本，使得教学流程呈现'写意'的特点。"

张老师提倡"原生态"语文教学，着眼于语文教学的"返璞归真"，尊重学生的自然本性，以学生的现实水平为基础，让教学回归到学生真实的生活世界。学生在自主、自由的学习中体会到学习的快乐，养成主动探究的学习习惯。

三、三步九字鉴赏诗歌，生活化体验解读

张老师诗歌鉴赏方法之道，可以概括为三个层次九个字："懂事儿、知趣儿、品味儿。"

第一个层次"懂事儿"是对文章"写什么"归纳概括。这节课中这一层次用时极短，通过背诵和课前提问实现。

第二个层次是"知趣儿"，就是对文本"怎么写"的剖析，这是整节课的重点。张老师不是用专门化的术语来解读，而是通过引导学生，从生活常识中感悟文本的真髓，使学生没有爬坡的感觉。联系妈妈提醒孩子生日将至的时间词"明天"，"生活化"地走进文本，追求生活体验式的解读，得出"思念也是有提前量"的结论，水到渠成地证明"昨夜"比"半夜"更为恰当。

第三个层次是"品味儿"，就是对文本为什么"这样写"的剖析，本节课《醉花阴》赏析结束，张老师介绍李清照生平，既是对《醉花阴》的总结，又奠定第二首《声声慢》的感情基调。他通过适当扩充阅读面，对同一作者不同作品的分析，

自然归纳其风格的多样性。

四、教师重视读书，教学追求"术"与"道"

读书，首先要教师读书，因为书读得不够，独立鉴赏诗歌的能力就不够，我们对诗歌的积累或许就没有学生多，课堂遇到预设之外的生成就束手无策。其次学生要读书，不读书缺少文化积淀和语文素养，对诗歌写的内容就难以理解，更无法去追求诗歌的情感或者技巧了。

教师阅读广泛，就会有很多自己的想法，从而反思自己的工作。反思本节课给学生创造了多少收获，留下了多少遗憾；反思怎样才能让学生爱上我的课堂。在反思的过程中，我们的教育智慧也随之不断增长。

张老师认为，优秀教师的标准之一，就是教学境界追求的不是"技"，而是"术"与"道"。"技"的境界即对课堂教学技巧的磨炼，但"技"充其量只能让你做一名教书匠。"术"的境界要研究学生，研究学科的教育教学规律，把教学实践经验向理论的高度提升。"道"的境界是以探寻学科的规律为目标的归纳、概括，是确立说法的过程。

张老师的这节本色课堂没有"炫技",而是以生为本,高屋建瓴地通过特殊类别词来引导学生探究寻觅女主人公的情感世界,教给学生鉴赏诗歌的重点及读书的意义,为诗歌鉴赏课起到很好的示范作用,达到了"术"与"道"的境界。

总之,这节语文课,将学习时间前移,先布置预习内容,简化宏观阅读。课堂不求面面俱到,只重点突出地解决一些关键问题,使得微观阅读得以深刻,运用生活体验式的阅读化抽象为具体,水到渠成地实现审美体验。张老师的这节示范课,严谨的理性思维与诗意的审美和谐融合,内涵深远且新意层出。

本文作者:王建红

平易、智慧共施,大气、细腻共存

多年前,张玉新老师受邀来到牡丹江市第二高级中学,有幸听到了他的评课,至今仍然记得他强调语文教师应该以真性情挖掘真情感,文本阅读拒绝平庸化、程序化,应该彰显个性与独特。这份指引使我的语文教学受益匪浅。

多年后,拜读了他的《李清照词两首》课堂实录,更深切体会到一位优秀的语文教学研究者示范的每一节语文课都是匠心独运,智趣非凡。本篇实录给我的最强烈感受就是平易中尽显智慧,磅礴中可感细致。

一、平易、智慧共施

张玉新老师的教学语言平实,从开始亦友亦师的语言特点,纵横交错地支撑起了教师的课堂气场。我们惯有的直观感受是横向的事物相对平和,纵向的事物相对具有压迫感。他巧妙利用了这两方面的特点:以课前与学生的沟通、双方达成的一致为横向牵引力,拉近与学生的距离;亲其师而后信其道,正式入课之前告诉同学们要懂得诗歌学习在上课前要注意预习、背诵、内化等诗外功课。在这里,他明确了诗歌学习预习的重要性。

他设计问题平易亲民,从学生善于捕捉的情节因素入手,学生回答很顺畅:"《醉花阴》是写了作者思念她的丈夫,所以在喝酒时联想到这一切。抒发了一下内心的感受。"这个回答不但完成了学生自己的任务,还帮助教师打造了词作分析的入境氛围,全词笼罩了一份孤独与忧伤,学生是无意而为,张老师却深谙太极的运力之法,真是高妙!继而发问"为什么李清照思念自己的丈夫却偏偏不写思念的字眼呢?"

留给学生思考空间后,设计了"显""隐"两组梯度问题作为入词分析的门径,学生于此路迅速捕捉到了"永昼、半夜、黄昏""卧房、厅堂(书房)、自家的院子里"等时间、空间词语,从而深切理解弥漫在李清照一切生命时空里的情绪就是"思念";学生通过"黄花""瘦"等隐性词语想象勾勒出了主人公的愁容、愁态,拾级而上,思维活跃,思路清晰,回答准确。在这里,他明确了课堂参与的重要性。

二、大气、细腻共存

在分析时间效用时,张老师问:"从时间线索上来看'薄雾浓云愁永昼',这是白天;'半夜凉初透',从白天到半夜;'东篱把酒黄昏后'上片到半夜,怎么下片又回到黄昏了?这是不是有点混乱?所以,有的版本认为'半夜凉初透'应该是'昨夜凉初透'。你怎么看这个问题?"这个问题不拘泥一家之言,大气十足,他的回答更是标新立异:因为昨夜比半夜在时间往前推一天。从这个意义上理解,在重阳节的这一天,我就开始思念,其实呢,是昨天半夜就开始了,一直到今天。这样就把思念的时间推到了前一天……所以他更赞同是"昨夜凉初透"。分析入情入理,细致深刻,令人信服,见解独到,启人思考。在这里,他明确了个性化思考的重要性。

另外一处最为细腻精彩的分析,他在引导学生分析名句"东篱把酒黄昏后,有暗香盈袖"之时,不禁让人咂摸回味。学生在他的指引下,调动多方感官专注于一词品味,因此,课堂上的"暗香"有了淡酒之滋味、有了雅菊之清韵、有了黄昏之色调、有了昔时之情味,让人感受到作者无涯的思念,终老的苦楚。

这份精彩的解读,需要有生活的阅历,文学的功底,敏锐的视角,善感的心灵。我在想,学生在这样优秀教师的指导和熏染下一定会成为一个有情怀的人;我在想,文学佳作得以流传,很大程度上是由于作者将生活感受、思考借文字真切传达,后继读者又借助个人生活阅历、精纯的文学素养还原作者的感受和思考,也就是文学的再创造,这种加工创造的过程会共鸣感强烈,超越时间,跨越地域,从而产生审美的强烈愉悦。

因此,优秀文学作品生生不息,魅力得以永存。就情感的探究上而言,这节课是细致入微的。就思接千古、造福后世的层面上而言,这节课的气象是磅礴雄浑的,非大家不可为。在这里，他明确了课堂上真实再现文本和情感的重要性。

在比较阅读中，张老师选取了李清照另外一首名作《声声慢》，以篇首的叠词作为比较入手点，感受作者的心情，问题设置起到四两拨千斤的效果。这样的课堂安排，需要明确取舍，大刀阔斧地裁剪，才能高效地服务于课堂，能够让学生学以致用，增强学习自信。在这里，他进一步明确了学以致用的重要性。

总而言之，张老师的课让我们体会到了为师者应该具有一种使命感，通过不断地充实自我，走向卓越，才能开启、充实学生的智慧，温暖学生的情怀，愿为文化继承和发展播撒萤烛之光。

本文作者：王晶

师生切磋琢磨，共建诗意课堂

古诗词作为中华传统文化的精髓，是高中语文教材内容的重中之重。自央视《中国诗词大会》热播后，在我们这个诗歌国度更是掀起了一场全民性的诗词狂欢。那么，作为一线高中语文老师究竟该如何上好古诗词课，带领学生领略中华诗词的魅力，传承中华民族优秀传统文化呢？张玉新老师的这堂精彩纷呈的《李清照词两首》课堂实录，给了我们诸多启示。

一、重视课前预习，拒绝毫无准备

俗话说："良好的开始是成功的一半。"在课堂导入阶段，张老师一句"语文课堂，绝不是零起点"充分说明了做好教学准备的重要性。他教学《李清照词两首》也可以说是有备而来——了解学生相关知识储备情况、指导学生做好课前预习、鼓励学生提前背诵诗词，让学生在对这两首词达到初步感知，带着问题的情况下进入新课学习。

作为一线教师，我们在教授古诗词时，是否遗忘了提前背诵的重要性？张老师利用"皮格马利翁效应"，用饱含热情的语言激励学生积极主动背诵诗词，这不仅有助于加深学生对诗词内容、情感的理解和把握，也有助于学生汲取古诗词的语言文化精髓，把优美的古诗词内化成自己的语言能力。正所谓"好诗不厌百回读，熟读深思子自知"。

二、重视课堂引导，紧扣核心问题

司空图在《诗品·含蓄》曾有言："不著一字，尽得风流。"这句话是评价诗词的写作十分讲究"藏情"艺术，即诗人不使用一个直接的词语，便可将事物的精神实质表达得透彻淋漓、美妙超逸，使诗词达到意在言外、含蓄隽永、意境深远的艺术境界。而李清照的《醉花阴》便是此等佳作，张老师一上来便引导学生抓住了这首词的学习重点，也是他教学的核心问题——这首主要写李清照思念丈夫的词作为何通篇都有没有她思念丈夫的字眼呢？随后，他的三个精彩设问，层层剥笋，多角度思考，从时间、空间、情感三个维度带领学生去把握一代才女李清照是如何凭借缠绵悱恻的文字来诉说对丈夫的无尽思念。

诗人的心多是敏感而细腻的，他们跳跃在思维的城堡，善于捕捉生活细节的变化。时间的流转、空间的调度、情绪的拿捏、情感的表达通通被他们的才情幻化成长长短短的动人诗行。他在教授李清照的词作时，之所以设问精准巧妙，在于他也是带着一种诗人的敏感和细腻的情思在阅读、在设计教学流程，不断深入挖掘文本本身的魅力，从而给学生和观课的老师以惊喜和启发。

三、重视课堂生成，师生切磋琢磨

古代把加工兽骨、象牙、玉、石分别称为切、磋、琢、磨，后以"切磋琢磨"或"切磋"比喻道德学问上的互相研讨、砥砺。张老师用"切磋"的心态与学生探讨作品，朴素中透露着为人师表的真诚，他把学生当作研讨真知、寻求诗意的朋友，反映的是一种民主的、悦纳的教学观。

在课堂实录中，师生对"暗香"的研讨颇具启发性。这个"暗香"究竟指的是什么呢？同学们意见不一，其实，有时候许多老师最怕学生的意见不一，心中总是抓着先入为主的教参念念不忘，从而严重地影响了学生思考的深度和广度。本该七嘴八舌、精彩纷呈的课堂变成了毫无生机的异口同声。因此，这里关于"暗香"这一问题的师生探讨便更显珍贵，这应该是语文的原味——有理性的思辨、有感性的想象。"暗香"的"暗"字到底有何韵味、高明在哪里？它可能是在与黄昏昏暗的天气相呼应，它可能是一种难以排解的难言情思，它可能是若有若无的幽幽酒香、菊香……这其实是一个开放性的问题，因为诗不是目标，而是一种可能。这也是张老师这节课的魅力所在。

总而言之，张老师的这一节课有颇多地方值得学习研讨，包括他在课程最后阶段加了《声声慢》的导入，这样的设计是大胆而创新的，他让学生在对比阅读中品味这两首词的不同韵味。这样的教学设计，不仅要让学生学以致用，同时也是能力提升训练，也给观课老师一种意犹未尽之感。

张老师在古诗词的教学中善于根据诗歌的文体特征，设计教学核心问题，在和学生切磋琢磨、品鉴诗词的过程中，灵活运用诵读、自主学习法、情境法、任务驱动法、讨论法等多种教学方法，给一线语文老师教授古诗词做了一个专业的示范。

本文作者：刘艳梅

悟 课 人

甘肃省武威市第一中学　楚丽娜

陕西省岐山高级中学　王建红

黑龙江省牡丹江市第二高级中学　王　晶

四川省成都市武侯高级中学　刘艳梅

黄厚江老师

《阿房宫赋》

课堂实录与研究

《阿房宫赋》课堂实录

【执教】江苏省苏州市苏州中学　黄厚江

【上课时间】2010年12月19日

【上课地点】云南省昆明市第三中学

一、开门见山，本色入题

师：上课！今天我们一起学习第三个专题第一个板块的第二篇课文《阿房宫赋》。同学们在课前预习课文时，提了很多问题。不过，大家提的问题我们在课堂上不可能一一解决，实际上也没有必要一个一个地解决。因为很多问题，只要把注释用心地琢磨一下，把上下文结合起来想一想，就能够自己解决。在这里，我们一起研究几个具有普遍性的问题。

田俊悟课：导入语简洁明了，一语中的，没有冗长的铺垫，没有华丽的辞藻，没有煽情的渲染，有的是课堂视线的聚焦，有的是高效实用的学法指导，有的是润物无声的滋养。

尹梅悟课：一开场就把学生放在了主体地位，学生自身要动起来：一要主动学习，二要认真思考，三要学会合作。同时，言简意赅地告诉学生理解文言文的方法：结合注释，联系上下文。放手让学生自己去做，老师只需在大部分学生都有疑惑的地方加以点拨，可见面面俱到不如抓重难点。

方东航悟课："本色语文"倡导者黄老师的"本色"，并不是单纯单调之色，而是厚染细匀之后的沉静。教师的问题是依从"普遍性"的原则，这样的问题让学生去学习去发现才会真正收获。"个别性""局部性"则可寻求自主解决，但并不是意味着以后不对此进行检查落实。

王立诚悟课：黄老师的新课导入本色而简洁，但朴实无华的教学设计中包含了三层意思。第一，"大家提的问题我们在课堂上不可能一一解决"，一方面，体现教师尊重学生的学习主体地位，全面分析学生学情，做到"以学定教"的教学理念；另一方面，鼓励学生质疑问难，这是培养学生思维能力、创新能力和探究能力的重要一环。第二，指出了解决语文问题的途径，也指点了一种读书的方法：看注解、察语境、做比较，这也是文言文问题解决的基本的、常规的方法。第三，教师言"普遍性的问题"，也就是典型性的问题，这正是教师要和学生一起解决的问题，也是本节课的重点内容之一，教师选择教学内容的主动性起到了积极作用。

二、解疑答惑，疏通文意

师：课文第一小节，有同学问最后一句话"一日之内，一宫之间，而气候不齐"这句话应该怎么理解。这句话课文没有加注，实际上大家用心想一想上文的意思，还是能够理解的。有没有哪位同学能够为提这个问题的同学做一个回答？

尹梅悟课：学生之间相互释疑显然是引导学生合作学习，教室中那么多的高才生，作为老师有什么理由不去相信学生自己能够解决问题呢？因为有了这份信任，课堂上从一开始就有了"温度",自然就有了"热度",有了"热度"定然有"效度"。

生1:一日之内,一宫之间,地方不同而气候不同,是强调宫很大。

师:哦,是强调宫很大,很好。其他同学有没有不同理解的?

生2:我觉得这句话从下文来看,"妃嫔媵嫱,王子皇孙",应该是说秦始皇对一些妃嫔的偏爱或者是冷漠……

师:哦,两位同学的理解不一样。一位同学从实处来讲,是说阿房宫太大了,就像经历了四个季节。一位同学是从主观上讲,宫廷里头不同的宫女受到不同的境遇而感受不一样。都有道理,但我更倾向于后一种说法。因为你看上文,"歌台暖响,舞殿冷袖",这个"暖"和"冷",主要是主观的,写感受的。大家看,把两个同学的理解一结合,这个问题解决得多好啊!

田俊悟课:这一环节,老师看似"不作为",实则"大有作为"。面对两位同学的回答,黄老师用了两个"哦"字来予以回应,这看似简单的两个语气词,却把老师听到学生的回答之后的惊喜和赞叹,都浓缩其中了。

王立诚悟课: 学生对难懂句子的理解出现了分歧,其根本原因是学生各自看问题的角度不同。这说明学生在课堂上实实在在动脑了,而且有了自己对文本的理解和阐释,是真正参与到了教学过程中,而并非被动地接受老师对文本的理解的结论。与此同时,教师的点评与反馈及时到位。

师:有很多同学问第三小节"一旦不能有,输来其间,鼎铛玉石,金块珠砾"这个句子怎么理解。我们把这个问题一分为二,有哪位同学能根据对全文的理解,说说"一旦不能有,输来其间"怎么理解?这个问题有难度,有没有人愿意尝试?请这位同学——

生3:这句话是说"如果一天没有的话,就再把它抢过来"。

师:哦,是"如果一天没有的话,就再把它抢过来",(生笑)很好,这是一种说法。理解这个句子的关键在于主语,大家想一想,根据上文来看,这句主语是什么?

生全体:六国。

师：对，是六国。这个"一旦"，你体会下来和我们今天说的"一旦"意义相同吗？倾向于"不同"的举手。不要讲理由，凭感觉。有觉得不同的吗？

师：你（举手者），说说看，不同在什么地方？说得出来吗？（生摇头）哦，说不出来。我说过，不一定要说理由的。从具体的背景看，从上文看，六国已经亡了。六国亡了，珍宝来了，王子皇孙、公主们也都来了，应该说这"一旦"和我们今天的用法比较接近——六国一旦不能再享有这些东西；"输来其间"呢？那位同学说"就再把它抢过来"，当我们认同主语是"六国"的时候，还同意这种理解的同学请举手。（无人举手）连那位同学自己都不同意自己的意见啦？哦，这说明只要一揣摩，就知道不对了。"输来其间"，是说宝物都被秦国运到阿房宫里来了。

田俊悟课：在这一教学问答中，足以见得黄老师深厚的课堂把控能力。细品这一段师生问答，你会发现他始终是处于"导"的位置上，学生一直是处在"主"的感觉里。学生在他的引导之下，主动思考，顺理成章地理解了这句话的内在含义。这就是孔子讲的"不愤不启，不悱不发"。

方东航悟课：学生的难点和老师的预设往往有出入，黄老师从学生的问题出发给我们启示：虽只是择其一二，已让孩子们体会到老师对他们的尊重。同时，他对学生暂时的片面并不是急于否定，而是循循善诱。尤其是老师并不是要求所有的问题都得当场说出个所以然来，不由得让人思考：我们是不是对孩子们有时追趋得太紧，忽略了他们真实的慢一些的跟进。我们完全可以像黄老师在课堂上讲过的：你只说观点，不讲理由。至于后面如何进行，可以有多种解决办法。

师：后面一句"鼎铛玉石，金块珠砾"是一直有分歧、有争议的句子。"鼎铛"，（板书"鼎铛"）有很多书上认为是意动。同学们自己学习的时候，你也认为这是意动用法的，举手给我看看，有没有？（部分同学举手）哦，请放下。认为不是意动的，也请举手。

生4：我觉得是。

师：是意动？

生4：是意动。

师：当然，这也是一个说法，可黄老师不认为是意动。

为什么呢？同学们想一个你们以前学过的比较典型的意动用法的句子。

生5：《邹忌讽齐王纳谏》，"吾妻之私我者，美我也"。

师：吾妻之私我者，美我也。是"私我"还是"美我"？

生5：哦，是"吾妻之美我者，私我也"。（生笑）

师：是"美我"。（板书"美我"）什么叫"美我"啊？把我看作美丽的，认为我是美丽的。那么"鼎铛"是什么意思？看注释是怎么说的，是把宝鼎当铛。再想一想，它是意动吗？如果是，哪一个词是意动？还有同学认为是意动的吗？（没有同学举手）没有了？同学们课后根据注释再琢磨琢磨，有不同意见，我们再讨论。

尹梅悟课：当思想相互碰撞时就产生了智慧的火花，教师只是一个引路人，"鼎铛玉石，金块珠砾"是有分歧、有争议的句子，黄老师并没有直接告诉答案，而是像一位通晓世事的智者用"年轻人能够听懂的话"——联系以前熟知的知识"吾妻之美我者，私我也"引导他们，让他们根据自身的学习经验做出判断和选择。

王立诚悟课：黄老师的教学有力避免了语文教学中最突

出的一个问题——结论教学,即学习过程的缺失。他的文言字词句理解的教学,将授课重心聚焦于学生学习的"过程",让学生在听说读写等各种语文实践中,在与教师的互动交流中,学习语文,积累语文知识,掌握语文学习的方法,培养学习语文的能力和素养。

师:好,这是比较难的几个句子。后面还有一个句子"一人之心,千万人之心也",我想我们班同学会很快就能翻译出来。有哪位同学愿意翻译一下?有同学翻译出来吗?(无人举手)这出乎我的意料。你说说看(指名一位同学)。

生6:一个人的想法,同时也是千万人的想法。

师:这"一人"是指谁啊?

生6:秦始皇。

师:对,是指秦始皇。后面"千万人"指谁?

生6:广大人民。

师:对,是广大人民。本来呢就应该用"民",为了避李世民讳,所以用"人"。你秦始皇自己如此奢侈,贪图享受,同样表现了每一个人的心理啊。你一个人奢侈,普通人民也会珍惜自己的财富的啊。就是这样一个道理。"戍卒叫,函谷举,楚人一炬,可怜焦土","可怜焦土"四个字呢,书上也没有注释,要翻译的确有困难。我还是想听听,有哪位同学能把自己琢磨的想法说一说?这个句子呢,前面主语已经有了,"戍卒叫,函谷举,楚人一炬",书上也都有注释,大家揣摩一下,这"可怜焦土"是指谁?

生全体:阿房宫。

师:阿房宫。那么"焦土"和前面什么内容有关系啊?

生全体:楚人一炬。

师:对,那么这个句子就比较好翻译了。有两种理解,一种认为这个"焦土"是名词动化,是"化作焦土";还有一种说法是"焦土"前面省略了一个动词。这两种说法都有依据。大家觉得哪一种更好?

生全体:第一种。

师:是第一种?我也觉得是第一种说法好。这样呢,更切合原文的特点,非常简洁,非常有力。还有些问题,我们会在后面的学习过程中解决,也有些问题需要同学们在课后参照我们课堂上的学习方法自己解决。

田俊悟课: 文言文教学,往往会走向两个极端,即"重文轻言"和"重言轻文"。细品这一教学环节,可以感知黄老师是将文言知识的讲解融入文意的理解当中去了,将文和言很好地结合起来了,这体现了"本色语文"的特点。他以言说文,以文解言,文言兼有的教学策略,应该是文言文教学必须持有的基本态度。

尹梅悟课:因为有黄老师前几个典型文言实词和句子的引导,学生也步入佳境。对于"可怜焦土"这个特殊句式,学生也能活学活用,理解其义。这就是"授人以鱼不如授人以渔"的结果。对比"满堂灌",这样教文言,教师学生都轻松。比起教师的"独角戏",师生的"众乐乐"给枯燥的文言知识讲解增添了亮色,即便是文言知识讲解也是精彩纷呈。

三、缩写填空,品味语言

师:同学们,我读《阿房宫赋》,反复读反复读,越读越短,读到最后呢,这篇文章只剩下几个句子,我大胆地把它缩成这样一段话:

(投影显示)

阿房之宫,其形可谓(　)矣,其制可谓(　)矣,宫中之女可谓(　)矣,宫中之宝可谓(　)矣,其费可谓(　)矣,其奢可谓(　)矣。其亡亦可谓(　)矣!嗟乎!后人哀之而不鉴之,亦可(　)矣!

师:这就是黄老师读《阿房宫赋》读到最后剩下的几个句子——后来只剩下几个字——我们后面再说。现在请同学们根据你对课文的了解,想一想在这些括号里填上什么样的词比较合适,看看你们的想法和我是不是一致。

师诵读:阿房之宫,其形可谓某矣,其制可谓某矣,宫中之女可谓某矣,宫中之宝可谓某矣,其费可谓某矣,其奢可谓某矣。其亡亦可谓某矣!嗟乎!后人哀之而不鉴之,亦可某矣!(生笑)根据你对课文的熟悉,你能填出哪一个就填哪一个。最好填的,我觉得是宫中之女可谓……

生全体:美矣。

师:大家想到的是"美",(生笑)可是否与宫女的美呢?宫中之宝可谓……

生全体:多矣。

师：多矣。其费可谓……

生全体：巨矣，奢矣。

师：巨矣，巨大的巨。这个"费"就是耗费。其奢可谓……

生全体：侈矣。（笑）

师：大家填的这个词应该修饰"奢"，"奢侈"二字意思相近，我们常常说"这个人简直奢侈到了……"

生全体：极点。

师：对，其奢可谓极矣。其亡亦可谓……

生全体：哀矣，必矣。

师：哀矣，必矣，都有道理，但我填的不是这两个词，我填的是《六国论》里刚学的一个字，有哪位同学想出来了？（有生答"速"）对了，速。你想，秦始皇自己筑阿房宫，还没筑好，秦就已经亡了。其亡亦可谓速矣。后人哀之而不鉴之，可谓……

生全体：哀矣。

师：哀矣。但是呢，哀之而不鉴之，可谓哀，从行文来讲……

生全体：悲矣。

师：对，悲矣。大家总体上和我的理解是一样的。我写的是这么一段话。

（投影显示）

阿房之宫，其形可谓雄矣，其制可谓大矣，宫中之女可谓众矣，宫中之宝可谓多矣，其费可谓靡矣，其奢可谓极矣。其亡亦可谓速矣！嗟乎！后人哀之而不鉴之，亦可悲矣！

田俊悟课：该处可谓是本课的点睛之笔。这是老师潜心阅读，出入文本之后的大彻大悟，是一个老师阅读成果的精美呈现。这种化繁为简，化难为易的功夫，来自黄老师日积月累的磨砺。语文教师的素养，体现在哪些？就体现在对文本的原滋原味的解读和发现。一千个读者就有一千个哈姆雷特，但在这一千个"哈姆雷特"之中，一定有最好的一个，语文教师的责任就是带领学生去找到那个"最好的哈姆雷特"。

师：同学们，把我缩写的《阿房宫赋》一起读一遍，好吧？
（学生齐读）
师：读得很好。你们知道"制"是什么意思？
生全体：规模。

师：哪里有"制"作"规模"讲，哪里有？

师生全体：《岳阳楼记》："增其旧制，刻唐贤今人诗赋于其上。"

方东航悟课：把文章读短，是教师的"四两拨千金"之思。删繁就简后，绚烂归于平静，大气梳理中心目的之手笔，或者反向理解"铺陈"手法之妙。黄老师更是虚晃一招，重要的谓语动词居然省略了！"……某""……某"吸引学生的同时，促使他们的内驱力使之完成合适的选词，如此意图为何？在轻松愉悦中，在老师的逻辑思维的理性引导下完成了填词。这是把"厚"读"薄"之法，看似"薄"了其实读得更"厚重"了。中间学生的用词不当，老师极其温言引导到"中心"，师生摇头晃脑地读是多么有雅兴的一种表现！

师：现在同学们根据要求，再读课文，画出相关的句子。第一组同学看看课文中哪些句子是写阿房宫其形的雄伟壮丽，规模的庞大；第二组看看哪些句子具体地写出宫中之女的众，宫中之宝的多；第三组找一找"其费可谓靡矣"；最后一个组找"其奢可谓极矣"体现在哪里。如果自己的任务完成得很快,可以把所有这些和课文中相对应的句子想一想。有些同学慢一点,也可以集中找一两处。

(学生看书)

师:好,有没有找好?下面我们来交流一下。先请第一组说一说课文中哪些内容、哪些句子描写了阿房宫其形的雄伟壮丽,规模的极为庞大。(指名)你找到的是哪里?

生7:我找的是第一小节。

师:你把句子读一读,好吗?

生7:"覆压三百余里,隔离天日",是写规模庞大;"二川溶溶,流入宫墙,五步一楼,十步一阁",是写阿房宫很雄伟;"盘盘焉,囷囷焉,蠭不知其几千万落",是写规模很大;"一日之内,一宫之间,而气候不齐",也是写规模很大。

师:好的。这位同学抓住课文第一部分,既读了有关句子,还作了简要分析。我们再看后面。哪些句子写宫中之女的众,宫中之宝的多,第二组哪位同学来说说?(指名)你找到了吗?

生8:第二节,"妃嫔媵嫱"一直到"焚椒兰也",都是写宫女的"众"。

师:你能简要分析一下,作者是怎样写出宫女的"众"?

生8：他是从侧面来写的，比如"渭流涨腻，弃脂水也"。

师：对。在这里有同学提出一个问题，不知你能不能解答"绿云扰扰，梳晓鬟也"，这里的"绿云扰扰"是指什么东西？你有没有想过这个问题？（生摇头）没有？好，请坐。其他同学有没有想过"绿云扰扰，梳晓鬟也"是写什么？

生全体：头发。

师：对，是头发，这也表现了宫女的多。刚才那位同学说，主要是从侧面间接地写，其实作者用了多种方法，夸张、排比、比喻等都有。"绿"在这里可以理解为黑。我们在日常生活里有没有注意到，有人说"他眼睛黑得发绿"，也有人说"这衣服的颜色绿得发黑"，说明这黑色和绿色到了一定程度以后，相互之间是难以区分的。所以，这里其实就是说"黑云"，"扰扰"是说飘飘的样子，说明宫女的确很多。那么，写"宫中之宝可谓多"的在哪里？哪个同学说一说？

生9："燕、赵之收藏，韩、魏之经营，齐、楚之精英，几世几年，剽掠其人，倚叠如山，一旦不能有，输来其间"，表现了宫中宝物的多。

师：好。这里想请你解决一个问题，有同学问"韩魏之经营"的"经营"是什么意思，你能回答吗？

生9：都是指金玉珠宝等物。

师：好，请坐。我们这里要注意一个问题，就是文言文理解的方法。其实，理解这个"经营"，可以从哪些词语中寻得启发和门径，也就是说可以从哪些词语入手？

生全体：收藏，精英。

师：对。这三个句子虽然从修辞来讲，不能算是互文。比如说，"朝歌夜弦"就是典型的互文，你不能说早上就唱歌，晚上就弹乐器，应该是早晚唱歌弹乐器，这叫互文。互文不能"合而见义"，就不能"解其义"。但像这种排列的句子，可以互相参照，是一种反复，同时又回避词语单调简单地重复。所以，"经营""精英"都是六国费劲心思从其他国家争抢、抢夺来的宝物。第三组同学说一说"其费可谓靡矣"。

生10：鼎铛玉石，金块珠砾，弃置逦迤，秦人亦不甚惜。

师：哦，这是耗费的奢靡。有没有不同理解？

生11：蜀山兀，阿房出。

师："蜀山兀，阿房出"，就是说把蜀山的东西都砍光了。好的，请坐。其他同学有没有补充理解的？

生12：从"使负栋之柱"到"多于市人之言语"。

师：好的。有同学问"瓦缝参差，多于周身之帛缕"，这个句子书上没有注释,他不懂,你能解释一下吗?

生12:参差的瓦缝比身上的帛缕还多。

师:好。这个"帛"是布,"缕"是什么?

生全体:丝。

师:对。这告诉我们房子上一片一片的瓦形成的瓦缝比我们身上穿的衣服上一缕一缕的丝还要多。作者是用夸张、比较、衬托的手法,来突出它耗费之靡。好,请最后一组同学说一说"其奢可谓极矣"体现在哪里?

生13:我认为,应该是"鼎铛玉石,金块珠砾,弃掷逦迤,秦人亦不甚惜"。

师:对,这是非常典型的句子。把宝鼎当作破锅,把金玉当作沙砾,可见其奢靡的程度。其实,《阿房宫赋》通篇都在表现秦始皇、秦王朝的……

生全体:奢侈。

尹梅悟课:黄老师利用逆向思维,"短篇长读",根据学生自己概括的内容再次回归课文,进一步加深对文章内容的理解。分组完成,注重教学效率。在实际分组中也充分注意到学生的学习能力的差异性,引导学生"快者尽多劳、慢者尽力劳、各尽其能"。在各组回答相关问题时，对"绿云""收藏、经营""帛缕"等实词的理解，其实是兼顾文本内容的理解，落实了有关文言字词的理解。

师：对，奢侈。我们前面学过一篇《赤壁赋》，说不上是一篇典型的赋。我和你们说过，苏轼对散文的重大贡献，是对赋的拓展，是"以文写赋"。《阿房宫赋》可以说是典型的赋文，有人称之为"千古第一赋"，它典型地表现了赋的内容和特征。"赋"的形式特征是什么呢？有同学知道吗？"赋"特别重视……

生全体：铺陈。

师：对，铺陈排比，它能从多角度反复描写同一个对象。我一个字，他写一大排句子，对吧？我几个句子，他用通篇来表现。这就是铺陈。铺陈的作用大家体会出来了吗？

生14：更能突出表现描写的对象，语言有气势。

师：哦，主要有两点。一点是更突出事物的特点，还有一点是语言有气势。怎样使语言有气势啊？是将大量的排比、比喻和夸张组合到一起，表现了语言的气势，语言具有了超乎寻常的表现力和魅力，征服了我们。

田俊悟课： 培养学生鉴赏文学作品的能力，让学生体味到蕴含于语言中的情感和思想，是语文阅读教学的责任。黄老师在对学生的点拨中，循序渐进，披文入里，当讲则讲，讲得精、讲得细；通过文字的咀嚼，引领学生去品味文本的趣味。尤其，是对"绿云扰扰，梳晓鬟也"中的"绿"字的赏析，用生活经验来解释深奥的古文，更是令人印象深刻。

尹梅悟课： "知其然更要知其所以然"，学生知道了"文章短了"，可它为什么能短？这就自然引入文体知识的了解。学生在自己对文章"缩短——伸长"的情境中对于"赋"文体知识的掌握是水到渠成也是印象深刻，比起干巴巴直接理论灌输，情境教学更能充分激发学生的认知能力。

四、诵读评析，感受文体

师：下面我想通过诵读，请大家整体感受一下语言的美、语言的气势和文章所表现的阿房宫的特点。（师配乐诵读全文）刚才老师诵读了全文，为了加强效果，配上了古典的音乐。现在，同学们可以先自由诵读一下，有谁愿意尝试一下，选择一两个句子、一两个片段，能够在诵读中表现赋的特点。有哪位同学主动试一下？（指名）你读一下第二小节。

（生15读第二小节）

师：总的来说不错，就是意味的表现稍微欠缺了一点。比如"而望幸焉"这里，可以稍微慢些，表现期盼、等了好久都等不到皇上的心理。当然，读好这一段，关键在于虚词的处理，你们知道是哪一个虚词吗？

生全体：也。

师：对，大家数一数，这里一共有几个"也"？

生全体：六个。

师：那你们体会一下这六个"也"表达的效果是否一样？有哪一个"也"和其他"也"作用是不同的？有没有发现？

生全体：最后一个。

师：对。前面五个"也"是表判断，而最后一个"也"更多的是强调。前面五个句子并列关系更为紧密，而最后一个句了要相对疏离一些，所以大家读的时候，最后"辘辘远听，杳不知其所之也"，车远远地来了，宫女心中就充满了希望，"要到我这里来了"，车又慢慢地远走了，心中的失望随着车声的远去而增强。皇帝看不见了，车声听不到了。我们要读出一个效果来，让我们觉得宫女仍然在翘首企盼。下面同学们集体把这一段再读一下。

（生集体读）

师："杳"字还是读得太急了，同学们课后再仔细琢磨一下。"辘辘远听，杳——不知其所之也"，不要太急。

王立诚悟课：黄老师的朗读环节，一改以往教师简单地针对"语音、语调、节奏、情感"等方面的传统指导，而是将朗读的重心放在"文本意味的表现"上，通过朗读的外在教学形式，直抵文本内核——思想情感的把握上，真可谓用心良苦。

五、对比阅读，把握主旨

师：课前有同学提了一个问题，"本文的中心段，也就是作者要表达的意思是哪一段"；还有同学问得更具体，"本文点明主旨的句子是不是最后一句"？这些同学都在思考，你们看是不是最后一段?

生全体:是。

师:是不是最后一句?看来大家有不同理解。其实,我觉得不一定要落实到具体的某一句,这一段都是作者在表达他的思想。本文和《六国论》不一样,它不是一篇史论,但作者仍然表达了他对历史的感悟、见解,在告诫我们这些后人。大家想一想,这一段中的"后人"是指什么样的后人?"使六国各爱其人,则足以拒秦;使秦复爱六国之人,则递三世可至万世而为君,谁得而族灭也?"谁能够消灭他们呢?"族灭"就是"灭族"。"秦人不暇自哀,而后人哀之;后人哀之而不鉴之,亦使后人而复哀后人也。"大家注意,这里四个"后人"的内涵、所指的对象是否一致?

生全体:不一致。

师:怎么不一致呢?哪位同学分析一下?(指名)你说一说对这几个"后人"的理解。

生16:第一和第二个"后人",是一个意思,相对于秦人的后人;第三个"后人"是相对于前面两个后人的再一个"后人",是后人的后人。

师:是后人的后人。假如说,我们解读文章的时候,注意文章的背景，如果从杜牧写作的年代来看，他写于唐，唐敬宗大造宫室，不问政事，所以这个"后人"，我们可以把它理解为"唐以后的后人"。最后一个"后人"是第三个"后人"的意思呢，还是前面两个"后人"的意思呢？

生全体：和前面两个一样。

师：对。四个"后人"两层意思，一、二、四，是指秦以后的人，第三个是指唐以后的人，是这样的吧？其实，这四个"后人"两个意思，又指一个共同的对象，是什么？

生17：国君。

师：对，主要是指君主、皇帝。黄老师在读这篇文章的时候，想法也很多，读到最后一段的时候，我忽然有感而发，把杜牧的最后一段改写了一下。也许是狗尾续貂——可我改写以后蛮得意的。现在呢，"敝帚不自珍"，让大家比较一下，作者写的和我写的哪一个好，好在哪里？你不要觉得杜牧写得好，黄老师也不差的哦。

（生笑）

师：现在，同学们集体把这段话读一下，然后品评一下，看看哪个好？

（投影显示）

观古今之成败，成，人也，非天也；败，亦人也，非天也。成败得失，皆由人也，非关天也。得失之故，归之于天，亦惑矣！

方东航悟课：黄老师的朗读水平可能并不比很多老师要好，但在总结了铺陈作用的基础上，深深地进入了有铺陈的文章中。可以想象他的抑扬顿挫，摇头晃脑，乐在其中，孩子们随师乐矣思矣，思矣获矣，同时指导了"而望幸焉"等意味的朗读。老师又令人惊讶地让学生体味六个"也"的表达效果之别，真是处处玄机妙心，同时几个"后人"之别不难想到，但共同点却是我等没发现之憾。

师：下面我们齐读这一段，我读到"嗟乎"，你们就接着读下去。灭六国者，六国也，非秦也。族秦者，秦也，非天下也。嗟乎！——

（生全体朗读）

师：大家读得很好，说明大家对这段话理解得很到位。下面同学们自由发挥，谈自己的评价，不要碍我面子。哪位同学先说说？（指名）你喜欢哪一个？

生18：我觉得都有长处。

（生笑）

师："都有长处"，还有半句话，言外之意，你们能补充出来？

生全体：都有短处。

师：你说说看我们的长短。

生18：原文前面一半写道"谁得而族灭也"，是单指秦国破灭这件事情，而您写的范围更大一点，所以前面一半您写得好。到后面，他的思维又上升到了更高的一个层次，而您最后"得失之故，归之于天"，只是对前面再来一个总说，而他写的思想更上了一个层次。

师：这位同学从语言、思想内容等角度进行了评说。我听得出来，她更喜欢杜牧的。（生笑）尽管她在比较的时候，说我也有好的，从时空来讲，更有时空感；另外从语言形式说，杜牧的文章思想上在不断加深，而我写的最后一句只是前面观点的重复而已。其他同学有没有不同意见了？

王立诚悟课：此教学环节，令笔者感动的是"谈自己的评价"和"不要碍我面子",真实的声音背后,是对学生真实回答和感受、感悟的渴望和期待。而在实际的师生互动中,黄老师极力尊重学生的阅读原初体验,并在此基础上主动引导、平等交流、适度申发、恰当补充。这是语文课堂的本色所在,也是教学的智慧所在。

生19:我觉得杜牧写得好。

(生笑)

师:不要紧,你说杜牧好在什么地方?

生19:因为这篇文章前面写的都是阿房宫和秦始皇的奢侈,目的是要使后人以史为鉴;而你写的是关于成功和失败的。

师:就是和前面的描写关系不是太紧密?哦,她是从文章的章法进行比较的。你能不能发现一点我好的地方?(生笑)

生19:你这段话的观点是正确的。(生笑)

师:我这段话的观点是正确的,就是放在这篇文章里不好?(生笑)好,请坐。有没有不同意见了?大家肯定还有很多想法,现在不能一一讨论了。刚才两位同学比较得还是不错的,但我觉得你们对我不是很公平。(生笑)为什么呢?我觉得,杜牧从秦的灭亡、秦的奢,来告诫历代君主、以后的君主要引以为戒，但我觉得这局限了历史思考的意义。我做君主吗？我不做。我们在座的同学将来会做君主吗？可能性也不大，是吧？所以，我们这些普通的人读《阿房宫赋》，就不能从中汲取一点什么吗？刚才有位同学说我写的内容和前文不太一贯，我觉得还可以啊。（生笑）他说，"灭六国者，六国也，非秦也"，六国的灭亡是自己导致的，"族秦者，秦也，非天下也"，也是秦自己导致的，对不对？所以我说，嗟乎！普通的人虽不能占有一国，成功是我们都要追求的。所以说，我的观点更广泛一点。不过有一点倒是真的，就是从全文结构来看，从语言形式来看，杜牧肯定是比我好。一千年以后肯定有人记得杜牧，一千年以后肯定没有人记得我黄某。（生笑）这时候我就想到一开始我说的，这篇文章我读到后来就成了几个字，其实用三个字就能把全文的内容和结构都表现出来了。

田俊悟课：课文分析到此处，学生对整篇文章的内容已经基本把握了，黄老师却没有止步于此，而是把对课文的理解引向更深处。一句"但我觉得这局限了历史思考的意义"，把课文与生活，与生命，勾连起来了。让学生从普通人的角度去思考《阿房宫赋》之于每一个人的现实价值，文章瞬间内化成了学生生命成长的养分。关于文本的个性化解读的态度是值得我们敬重的，既从文本中来，又高于文本，更回到生活中去。文本的个性解读绝不是任性而为，而是在把握作者本意的基础上，结合自身阅历，去发现属于"自我的""独特的"的文本价值。

师：现在同学们回想全文内容，或看黄老师缩写的这段话，（投影显示）在这段话里挑三个字，概括全文内容。《阿房宫赋》洋洋千言，其实三字足矣。大家想想，哪三字呢？"阿房之宫，其形可谓雄矣，其制可谓大矣，宫中之女可谓众矣，宫中之宝可谓多矣，其费可谓靡矣，其奢可谓极矣。其亡亦可谓速矣！嗟乎！后人哀之而不鉴之，亦可悲矣！"谁愿意说说？

生20：奢、亡、鉴。

师：对。我读到最后，只剩下这三个字。课后，同学们好好背一背这篇千古第 赋，同时让我们永远记住这三个字。奢必亡，这是国君要借鉴的，也是我们这些普普通通的人所要借鉴的。好，今天就到这里，下课！

尹梅悟课： 赋还是体物写志的，在比较阅读鉴赏中，学生不仅更加理解了文中志，更重要的是，黄老师引导学生站在当今时代来看本文有何借鉴意义。补写看似突兀，其实是精心安排。而他要告诉学生的是"成败在人，不在天"。此环节于无形中对学生进行了思想熏陶，是从文字层面来渗透文化、从文章体式当中来体现文化，言文统一，这才是语文本来应该呈现的面貌！

方东航悟课： 老师不惜把自己改动原文的"敝帚不自珍"之作拿出来让学生评点，并敏锐抓住学生的发言。这样的目的很明显：在针对特殊历史事件时杜牧突出；在普遍受众上，自己的思考意义要大于杜牧。即便学生总是认为存在的就是最好的，但这份思考和探索也是有意义的。也许黄老师的意义已远大于他所能想到的：杜牧以文学入史，黄老师以育人学兼文学胜出。

王立诚悟课： 黄老师是一个善于利用阅读中的语文活动，来寻找课堂教学中的亮点的人。首尾呼应，卒章显志，纵深自如。在《叙事主题：文言文教学的继承和创新》一文中，褚树荣老师对该课例进行了这样的点评："一堂课就是一篇文章；从文字到文章，从文章到文化，融会贯通，一堂课就有一种思想。"此教学环节，是一个引导学生宏观把控全文的环节，更是一个深入、真实了解文章思想的重要环节，从文言——文章——文学——文化，黄老师完成了一次完美的旅行！

名师简介

黄厚江，江苏省盐城市人，江苏省语文特级教师，江苏省首批教授级中学高级教师，全国优秀语文教师，国标本苏教版初中语文教材主要编写者，国标本苏教版高中语文教材编写组核心成员，省基础教育教学指导委员会中学语文学科专家委员，省"333工程"培养对象，全国中语会理事、学术委员会副主任、教师发展中心副主任，江苏省中语会副理事长，苏州市中语会副理事长，苏州大学硕士生导师，南京师范大学语文教学研究中心研究员，苏州市名教师，苏州市教育科研带头人，江苏省苏州市中学校长助理兼总督学。

大道至简，返璞归真

《庄子·天道》篇云："朴素，而天下莫能与之争美。"此言，用来形容黄老师的"本色语文"，便是极为贴切的了。本色语文，其本色就在于"素"与"简"，在简朴中生成课堂之美。语文课堂教学就该如此，简约中彰显高贵。他用一节节简单而丰韵的课，践行着追求"素朴""简单"的语文之道；做到了追根溯源，回到语文的原点，在文字的把玩中，简简单单教语文。

本色语文课堂的基本特征是简单。简单，就是目标简单、方法简单、过程简单。如黄老师所说，简单就是教学内容明明白白，教学过程清清楚楚，教学方法平平常常，教学效果实实在在。

《阿房宫赋》一课，当属本色语文的典范之作，主要体现在以下三个方面。

一、教学过程，简约明了

简约的课堂，环节简洁，思路清晰，环环相扣，一气呵成，能让学生明白地行走在语文的世界里，散步在文字的小路上，感受文字的魅力。黄老师的整堂课大致可以分为四个大的教学环节：师生问答，落实疑难字句——缩写填空、分组学习，感知内容、梳理层次——师生共读、体会文体特征——文章比读、明晓主旨。

四个教学环节，各有目标，各有策略。落实字词，就扎扎实实、认认真真、一字一语地理解清楚字意，不贪多，不贪全；整体感知，梳理结构，就化繁为简，化难为易，用一段精妙的缩写填空，来贯穿起整个课堂教学的主体部分；要让学生体会"赋"的特点，就以声传情，以声品味，带领学生在诵读当中穿越时光隧道，去感知千百年前杜牧的浩然之气；理解文章主旨，为了能"守正出新"，就改写文章最后一段，以师者的智慧和勇气，推陈出新，读出课文的新意，让学生有了与众不同的收获。

整个课堂展现出"有序而充实,简约又丰富"的特点,在简洁有序中展开教学,让师生之间,生生之间在平等简单的对话中,产生思维的碰撞,从而在一种简约模式中得到知识的滋养,有效地提高了课堂教学的效率。

二、教师引导,自然天成

叶圣陶先生曾说过,"教师之为教,不在全盘授予,而在相机引导"。相机引导是指在学生"愤""悱"之时,教师才做出相应的回应。引导学生,帮助学生动脑、动口表达,加深理解、活跃思维,从而让学生豁然开朗,感觉别有洞天,促使学生在课堂上既掌握相应的知识技能,又锻炼了思维能力。

黄老师整节课的引导,都是低调含蓄,不声张,不喧嚣的。课堂语言简洁明了,问题设置,应时而生,不做作,很自然,学生在这样的课堂设问中,不会感到丝毫的压抑和逼仄,而是一种放松和自然。学生的有效思考和表达欲望,都在他的循循善诱下,得到了最大化的体现。

学生是学习的主体，教师是学生学习的陪伴者、组织者、引导者。孔子讲的"不愤不启，不悱不发"，黄老师润物无声，简单朴素的课堂引导正如此言。

三、师生共生，返璞归真

师生共生是本色语文的实现方式。黄老师的课堂，看似静如流水，实则生机盎然，在语文课堂教学中，教师与学生，学生与学生，师生与文本，一切都在静悄悄地生长。

师生共生共长，是语文课堂教学的最高境界。师生在文本的土壤上，播撒下彼此生命的种子，相互给予阳光，为对方输入养分，滋养着彼此的生命，使其蓬勃生长。黄老师在课堂上，就不时地寻找着师生共生的"点"。

在教学《阿房宫赋》中通过自己的阅读思考，他找到了多处"共生点"。如从学生的预习疑难问题中，抓出"共性"问题，来营造师生共生的"场"；又如，缩写课文，用教师的智慧来激活学生的生命生长；再如，补写结尾，与原作者的结尾比较，又激活了学生阅读思考的兴趣，进而生成出许多意想不到的答案。

黄老师的高明之处在于课堂没有预设，可一切又都在他的掌控之中，他就像一位运筹于帷幄之中，而决胜于千里之外的将军；有纵使"敌军围困万千重，我自岿然不动"的胆量和淡定。这一切都得益于他自我的阅读生成，并用自我的阅读生成，激活了学生的阅读生成，激活了整个课堂教学。

大道至简，悟者天成；平实之美，返璞归真。语文教学要崇简归真，用黄老师的话来说，就是"用语文的方式教语文"，唯其如此，语文教学才能在天成大道上，走向春暖花开的春天，走向硕果累累的金秋。

本文作者：田俊

浑然天成，妙趣横生

观摩黄厚江老师《阿房宫赋》授课后，让迷茫困惑中的我等看到文言文教学的曙光，可谓"山重水复疑无路，柳暗花明又一村"。

他通过言传身教给文言文课堂教学开出了药方：文言教学要统筹兼顾文言、文章、文学、文化。从本堂课整体上来看，整个教学过程是层层深入，由浅入深，循序渐进。从部分来看，各个部分不是割裂开来，各个部分互有牵连，彼此交融，文言、文章、文化、文学四体一面。整个教学过程浑然天成，一步步推入高潮，不禁叫人拍案叫绝。

惊叹之余，我不禁反思，黄老师的课堂为何能浑然天成、妙趣横生？

一是教师自身有味。他一张口一举手一投足就不经意间传达出"我即语文"的大家风范。正如苏霍姆林斯基曾说:"教师的语言素养在极大程度上决定着学生在课堂上的脑力劳动效率。"他始终把学生放在主体地位,行话随口拈来,即使夸奖学生都是落在实处,而不是"放之四海而皆可"的虚言虚语。其诵读轻、重、缓、急拿捏得恰到好处,加上个人充沛的主观情感的融入,置身其中如赏天籁。

古人云:"亲其师,信其道。"正因为他让学生觉得有味,学生才勤思考、乐表达。

而外秀只是内秀的表现形式,他自身的味,是他拥有广博的文化知识、深厚的文化底蕴和宽广的文化视野。正所谓"腹有诗书气自华",吸引学生的最终是他那有趣、有深度的灵魂。

二是课堂氛围有味。他的课堂氛围有味,不仅体现在课堂上充满欢声笑语,学生积极发言讨论,更体现在整个课堂充满"文化味"。对"也"字的解读,是体会文言中的文化;对文章短读和长读,是体会文言中的文化;理解文章的主旨句,也是体会文言中的文化;对主旨句进行再创作、对比鉴赏,更是体会文言中的文化。

他层层引导,带着学生用心体味,发现文人墨客史笔记下的不仅仅是历史、文章，是文化，也是人心。"奢必亡，亡必鉴"，不仅是历代君王要借鉴的，也是我们这些普通人要借鉴的。学生通过这些优秀文化的浸染，怎能不热爱祖国和中华文明？而他的再创作"观古今之成败，在人，不在天"，怎能不帮助学生形成健康美好的情感和奋发向上的人生态度？

三是处理教材的味。文言绝不是学习文言文的终点，他要引导学生最终上升到语言所承载的内容——文学鉴赏，带领学生感受领悟文言中的思想和艺术魅力。

他根据自己独特的理解，厚积薄发，把这篇文章读成了一段话、几句话甚至几个字，并不急于把自己的理解和盘托出，把自己的解读灌输给学生，而是运用他的教学机智，留有悬念，通过填字引导学生走向对文本的理解。教师与文本的对话不能替代学生独立的文本解读，只能起引导作用，黄老师对教材处理有味，对学生的引导也有味。

他还不甘局限于和本文的对话，而是多角度多层次地阅读，从文本中发现新意义。经典常读常新，叩问当下，经典对我们有何借鉴意义。他用现代的观念和发展的眼光审视作品的内容和思想倾向，提出自己的看法，在执着的探索中，尊重文本的成果，也勇于提出自己的见解。他还对文章主旨句进行改写、再创作。这是一种创新。而教师有新思想、新观点,通过对比阅读鉴赏,也自然把学生带入了更广阔的天地中。如此这样,学生对作品何以不心动?何以不怀有强烈的兴趣和激情?何以不敢于立异标新,走进新的领域,尝试新的方法?这何尝不是一种味?

早就熟知黄老师评判好课的标准:三味正就是一堂好课。对此,我深表认同。而在这,我按着其提出的三味理论,细细比较、研究其课堂,真是三味俱全,且味道纯正,这样让我更加感受到了其伟岸的人格,知行合一。

"穷则独善其身,达则兼济天下。"黄老师不仅关注自己的语文课堂,还关注整个语文界,自身示范用语文的方法教语文,让我们回归本源,找到出发的地方,用他的话说"让每一节课使学生获得一点享受,得到一点收获,受到一点启发,产生一点感悟"。这才是语文!这才是本色语文!

对于黄老师,我最后只想说是高山仰止,景行行止,一直仰望,一直学习!

本文作者:尹梅

本色和谐

苏霍姆林斯基说：占据你的注意中心的将不是关于教材内容的思考，而是对于你的学生的思维情况的关心。这是每一个教师的教育技巧的高峰，你应当向它攀登。黄厚江老师不欢迎结论教学，而是从学生实际情况出发，让自己的"本色"语文厚重大气，朴实而诗意。

他把学生放在主动的位置，以解决学生的疑难问题为纲，以弄懂文字、文言、文章、文化为本，大笔勾勒，细处匀染。在解决学生的疑难问题时，他并不是一股脑儿地全盘搬出，而只是解决"普遍性"问题，文言文有的问题可教可不教。

解决疑难问题，也不是按顺序一一排列，而是组合分散到了预设的各个环节中。比如"绿云扰扰,梳晓鬟也"放置在了"宫女之多"环节,"韩魏之经营"的"经营"放在了"宝物之多"环节等,这是他为了避免教学过程的单一性,参差多姿,也是一种诗意讲究。教材只能是小于、接近于课程而不可能等于课程,这其中的空间,很大一部分依赖教师进行填补。他填补了我们一般教师自以为是的毛病,我们发现不了或者让学生互相释疑的机会甚少,只凭我们夸夸其谈或放任过去,就会成为类似的永远的"教学遗憾"。

学生不动,黄老师就智慧地以"微动"推动学生的"大动","两个同学的理解一结合,这个问题解决得多好""倾向于不同的举手""……如果自己的任务完成得快……所有相对应的句子想一想……慢,也可集中找一两处"。他教方法:用心琢磨注释,上下文结合;想上文的意思,理解这个句子的关键在于主语;不要讲理由,凭感觉想一个你们以前学过的句子;读好这一段,关键在于虚词的处理。不一定要落实到具体的某一句……什么是教?即教师帮助学生成长。在结论教学中,学生是没有成长的,或者成长得很慢。

整节课中,他没有板起面孔拒人千里,而是循循善诱,指评深入，绝不虚空。比如，"一位同学是从实处讲……一位同学是从主观上讲……但我更倾向于后一种说法，因为……"再者，老师的看似"强势改文"的缩写："阿房之宫，其形可谓可谓雄矣……其亡亦可谓速矣……"实为让学生体味铺陈手法的特点和表现力；实为让学生处理好自己碰到的疑难问题，如"韩魏之经营""本文的中心段、主旨句"。

韩军老师说：没有文言，我们找不到回家的路。"言"是读懂文言文的基础，但不是终点。在文言知识语言基础的层面，上升到承载思想的文学鉴赏上，感受领悟思想和艺术的魅力。黄老师的两改文言文，正是咂摸文言、文化的结果。

为了加强效果，配上了古典音乐的朗诵是高潮之一。语言的美、语言的气势和文章所表现的阿房宫的特点，通过黄老师的"苏腔"朗读定有别样的味道，"而望幸焉"，六个分别表判断和强调的"也"，"辘辘远听，杳——不知其所之也"等一定被黄老师作了重点处理。所以，他就让学生重点读这几个句子所在的段落，并予以详实的指导，比如"而望幸焉"这里，可以稍微慢些，表现期盼、等了好久都等不到皇上的心理；当然读好这一段，关键在于虚词的处理；我们要读出一个效果来，让我们觉得宫女仍然在翘首企盼……

黄老师改写原文的最后一段，是课堂的另一处高潮。"观古今之成败，成，人也……亦惑矣！"实为一种"文化化人"。朱自清说过，经典的价值不在实用，而在文化。学生怀有偏见和成见，可能会禁锢他们的理解，使他们看不到社会观点的逻辑。他用自己的改写循循善诱：所以我们这些普通的人读《阿房宫赋》，就不能从中汲取一点什么吗？……老师化文章为己知，影响自身，影响学生。所有被他教过的学生都会记得这个笑眯眯的老师，所有当面或知晓他的师生都忘不了这个顶级教师，"百年语文人"里他可谓独树一帜而又如邻家大哥般和蔼可亲。

黄老师的教育格言，是用和谐的教育培养和谐的人。他往讲台上一站，玉树临风，朴实本色但不乏妙语连珠，逻辑思维逐层推进且辅以感性的支持纠正和鼓励。一篇洋洋洒洒的《阿房宫赋》带出了阿房宫的美，各国的富饶美，秦朝的奢侈之景，文章的磅礴之美，知识的分析之实，朗读的音韵之美，课堂的享受之美，思想的时空纵横等，睿智毕现。

据我所知，黄老师也是修改过若干次才找到了这样好的处理状态，可谓精益求精，但求更好，整节课堂的节奏、适度、和谐把握得极好，让我们久久回味，按捺不住想照葫芦画瓢，吸收化用再研究新法。而这，也应该是他希望让我们迈开步伐的初衷。

本文作者：方东航

严守学生立场：共生教学课堂之"道"

《阿房宫赋》一文的教学，是黄厚江老师采用"师生共生"阅读教学方法的一节课。多次观摩之后，笔者发现：他坚持"本色语文"的教学主张，所采用的多元教学策略和手段，都有一个明显的特点：守住学生的立场，从而引领学生步入神圣的文言文殿堂。

一、教师之思：教师的"教"由学生的"学"决定

在《阿房宫赋》教学设计的第一环节——文言知识讲解内容的确定上，黄老师从学生的实际需求出发，关注课堂教学的温度、深度、厚度和效果。

从本次课堂教学的导语部分，可以发现他处理文言文之"言"部分的教学策略和手段中，饱含着深刻的"学生立场"。首先，狠抓学生课前的预习环节，积极鼓励学生自己对照书本上的注释，并结合工具书，开展自主学习，争取课前尽可能多地排除文言字词障碍，进而培养学生独立阅读浅显文言文的能力。

其次，导语中的"大家提的问题我们在课堂上不可能一一解决，实际上也没有必要一个一个地解决……在这里，我们一起研究几个具有普遍性的问题"，也引起了我的关注。"研究几个具有普遍性的问题"，说明他在课前已经对学生提出的五花八门的字词问题进行了甄别和筛选，保留了那些通过自主学习仍难以解决、大部分学生都存在困惑的文言问题——课堂文言基础的教学内容由此而确定。

二、教师之做：课堂因为"学生的真正参与"而精彩

黄老师的这堂课，有一个环节令人眼前一亮：让学生默读课文，力求长文短读，利用填空的形式概括文章的主要内容。

他用"现在请同学们根据你对课文的了解，想一想在这

些括号里填上什么样的词比较合适,看看你们想法和我是不是一致"这样的语句向学生提问,体现了教师设计的教学活动都是为学生的学习而设计的。师生共同讨论并得到比较一致的答案后,他并不作罢,而是让学生再细读课文,将上面填写的关键字与文本相对应的句子找出来。教师带领学生对文章进行了两次不同层级的品读——先概括,再分析,从文本中来,又回到了文本中去,进一步引领学生学习这篇"千古第一赋"的主要特点。

为了真实、深刻体会"铺陈"所带来的语势,黄老师在指导学生有效进行文言文的朗读和品读后,自己配乐进行了现场示范朗读。紧接着,"现在同学们可以先自由诵读一下,有谁愿意尝试一下,选择一两个句子、一两个片段,能够在诵读中表现赋的特点。有哪位同学主动试一下?"学生诵读的好坏与否,实则表现的是对文本内容、手法和情感的把握准确与否。这个环节中,学生读,老师点评与指导,学生再读,这除了彰显诵读在文言文教学中的有效作用外,更体现了他教学的"学生立场"——将学生的阅读(诵读是文本阅读一个环节与步骤)作为语文教学活动的本位的思想。

黄老师的诵读环节,时间有保证,诵读环境宽松,学生诵读蕴含个人主观的体验和感受，有思考与认识，和文本的解读有了近距离的接触和直接的对话。

三、教师之成：课堂因为"尊重学生的阅读体验"而成功

阅读教学应该从学生阅读的原初体验出发，这是阅读教学必须遵循的一个基本规律。在《阿房宫赋》最后的主旨教学中，黄老师巧妙地设计：替换了文章的结尾，让学生比较优劣。一方面，从语言、内容、结构等几个方面认识原文的内在逻辑，理解作者的主旨所在；另一方面，立足现实，让学生认识学习课文的现实意义。

"大家读得很好，说明大家对这段话理解得很到位。下面同学们自由发挥，谈自己的评价，不要碍我面子。哪位同学先说一说？（指名）你喜欢哪一个？"他用这样的语言开始这个板块的教学，为学生搭建了交流阅读体验的平台。他没有夺走学生自主选择、判断优劣的权利，也没有框定学生回答问题的角度，而是给予学生广阔、民主的空间，毫无强制性和预设性。

黄老师说过，语文学科人文性的内涵主要是培养学生对

母语和民族文化的热爱，培养学生积极乐观的生活态度和丰富健康的情感，培养学生健全的人格和良好的审美情趣。在他的课堂里，"学生立场"并不是口号，而是实实在在地落实在每个教学环节之中。笔者认为，缺乏学生立场的语文课堂肯定是不成功的，肯定是对学生的成长没有益处的。我们都知道，教育教学的最终目的是成全学生，然后才是成全教师自己，而这些也正是"共生教学"的不懈追求！

本文作者：王立诚

悟　课　人

四川省邛崃市平乐中学　　田　俊

湖南省永州市第一中学　　尹　梅

山东大学　　方东航

浙江省绍兴市永和高级中学　　王立诚

任玲老师《归去来兮辞》课堂实录与研究

《归去来兮辞》课堂实录

【执教】云南省曲靖市第一中学　任　玲

【上课时间】2014年9月17日

【上课地点】云南省曲靖市第一中学

师：通过诵读，同学们感受了陶渊明《归去来兮辞》作为辞赋的韵律之美，也了解了辞赋的相关常识，并梳理了文脉：归途，归家，归田，归心。同学们还用白话散文诗的方式翻译了这篇文章，分享了彼此的创意和优美的语言表达。今天，我还想在此篇流连。因为，我很喜欢陶渊明的《归去来兮辞》，于是就想把文章修改完善一番，经过精心斟酌，我有了三个大胆的尝试，请同学们帮忙评判一下，看看这几个尝试好不好。

王国敏悟课： 任玲老师，一位有思想、有情怀的教师。她力图寻求广阔的阅读背景，为文本解读带来多元的角度与探寻的深度，来促使学生语言和精神共同成长！

张艳艳悟课： 任玲老师的前面两课时让人向往，在她的指引下，铿锵平仄韵读，舒缓喜悦之读，白话文幽美蕴藉。师生沉醉其间，流连忘返。如若我们这些听者观者有幸身处其间，岂不美哉乐哉？她的备课一定丰富，思维一定多向。

张萍悟课： 任玲老师开场干练、理性、大气、豪气。按照我们常规的教学思路，此文已经了解了辞赋特点，掌握了文章情感内容，还尝试了韵文转化为白话散文的训练。按理说，学生已经懂了，可以合上书了。但如此开场，让我感受到之前的教学内容不过只是"冰山一角"，真正的文本解读才刚刚开始！她这种深度探寻，多角度的文本解读，令人翘首期盼。

王敏锐悟课： "今天，我还想在此篇流连"，本课的教学重点是什么呢？如何让学生被陶渊明《归去来兮辞》中的外物与内心打动，将老师的喜欢变成师生情感的共鸣呢？不言而喻，正如叶嘉莹所说，"好的诗歌能够摇荡人的性情"。

任玲老师的铺垫设计，设置了悬念，引起了听课人的兴趣，禁不住让人对"三处大胆的修改、大胆的设计"充满期待，渴望有心灵的碰撞与激荡。

师：第一个尝试，我把文章里的三个句子进行了修改。第一个句子（PPT呈现）。

携幼入室，有酒盈樽。
闲步入室，把酒畅饮。

师：我的理由是，修改后更能体现陶渊明的闲适自由，心情舒展，举杯畅饮，自得自乐。同学们认同这句修改吗？

生1：我觉得改了不好。这个句子修改的重点是把"携幼"入室改成诗人独自"闲步"入室，因为我们在前文中看到了"僮仆欢迎，稚子候门"，陶渊明辞官回家，他的家人很早就知道他要回来，就很希望赶快见到他，古时候无论是做官还是求学，都是一个人在外，不能和家人团聚，所以这里是早早地等待在家门口。可以想象一下我们自己的生活，我们小时候，爸爸妈妈出门回来，我们是不是很高兴，爸爸妈妈也很高兴，会抱着我们进家门。

师：好，打断一下，刚才说是抱着我们进家门，你们才一个，陶渊明是五个孩子，这回可热闹了，有牵着的，有拉到手，有的拉到衣襟，小一点的抱着裤腿，哇，一家人，那么多的人，围拥着进门。那为什么这样就好了呢？

生1：这样就能体现一家人的温情。我们看到的陶渊明不只是一个很飘逸很洒脱的隐士，他也是一个父亲，一个丈夫，"携幼入室"就更有一种具人情味、接烟火气的温情，也使得这个句子更加富有生活气息。（掌声）

师：哇，说得很好！她特别强调了家的温情，陶渊明不是一个不食人间烟火的人，她说得比较好的一句话"接烟火气，具人情味"。这个句子被我一改，陶渊明倒是飘逸出来了，一家人的和谐和温情却给改没了，并且不符合陶渊明真实的生活。还有同学要发言吗？

生2：我觉得，原来的句子是有人把他的酒倒好了。

师：有人？会是谁啊？

生2：叮能会是他的妻子吧。

师：嗯，不是可能，是肯定、一定，他的妻子把酒给倒满了。

生2：在我们心中，陶渊明不是一个仙风道骨的隐士，他是一个普通的人。而家里给他的温暖，和妻子给他的周到体贴，是他在宦海沉浮中没有办法体会到的，后面说道的"富贵非吾愿，帝乡不可期"，那些都是虚幻的东西，只有家人的温暖才是实实在在的。

张艳艳悟课： 老师的"大胆"是学情所需，是逆反推理。师的"大胆"也是学生的大胆，其实让学生"舞蹈"，我们附和节拍配合，有时，节拍都不需要。教师在学生找不到原因时，就得串联引导。这一"启"就把陶渊明的多种身份给启发出来了。学生的开启，运用词语，选择句式，语气，表达精确，也是老师平时引导他们"跳舞"的结果。学生能读出改动了的后句"闲步入室，把酒畅饮"和原句"携幼入室，有酒盈樽"比有缺陷，无天伦，无夫妻温情，只有一个人无拘束但不真实的自由，不妥矣！

张萍悟课： 任玲老师的进一步引导，不仅让学生深层次解读出了"携幼"中幼子倚门的渴盼，更有"盈樽"中妻子体贴入微的温情。至此，家庭的温馨祥和一览无余，从另一个侧面诠释了陶渊明的"归心情怀"。

师：嗯，只有眼前的真情才是珍贵的。大家想象得出来，陶渊明还没有归家，他的孩子、妻子就在等着了，那种关爱，那种周到，真的让人感动。大家想啊，陶渊明此刻不是衣锦还乡啊，挣大钱回来了，家人可以住豪宅了。他不做官了，回来后实际上一家人又要重复着以前那种"瓶无储粟"的穷困日子了，但是，家人还能够这样地欢迎他，体贴他，体谅他，包容他，这是一个多么和谐的家庭，多么温暖的家庭啊！事实上，陶渊明的妻子确实是一个能体谅他的人，萧统在《陶渊明传》中就说"其妻翟氏亦能安勤苦，与其同志"。大家想，如果妻子不是跟他志同道合，那么，他每天要听到抱怨，你不挣钱给我花，你看看人家住豪宅了，咱们住茅屋啊什么的，你看这家还有和谐吗？看来是不能改，一改把这温暖的港湾给改没了。好的文字是有情味儿的，文章里这样充满情味儿的句子还很多，比如"载欣载奔"，一个四十出头的人，竟然乐得像个孩子一样，人物形象跃然纸上啊。其他句子就不在这里说了，大家课后再细细品味吧。大家再看我修改的第二个句子。

（PPT 呈现）

三径就荒，松菊犹存。

小径已荒，桑麻犹存。

我修改的理由是，小院子里头用"小径"多美啊，又显得别致，一般人们也爱用这么美的词来形容门前的小路。"松菊"改成"桑麻"，我觉得又多了一份乡村生活的气息。你们同意吗？鼓励一下我嘛。

王敏锐悟课： 任玲老师的课，不仅"活"而且"实"。"好的文字是有情味儿的"，在把学生的思维引向体会文字的情感之后，承上启下，拓展总结一下又及时引出比较的第二个方向，掌握中国古代典故和意象的内涵。

生 3：我觉得改了不好。因为，我们知道陶渊明是一个非常爱菊的人，在他的作品中有很多次都写道了菊，菊的芬芳高洁也很符合陶渊明的气质。

师：这倒让我们想到了他写菊最典型的一个句子（学生

齐):"采菊东篱下,悠然见南山。"

生3:所以,我觉得这里的"松菊犹存",应该暗指他自己的品节是不会改变的。就算小径都荒了,松菊还依然长得好。用"桑麻"就不能体现陶渊明像松菊一样的高洁品性。

师:她读到了陶渊明寄托在松和菊上的品质、品性、志趣。其实,陶渊明不只是爱菊,同样也爱松,在他的作品里,也多次写道松的意象,这一课也有句子写道,比如(生一起)"抚孤松而盘桓"。这里改成桑麻,确实是少了陶渊明寄托其中的心志、情趣。这就是诗文中的意象,我们看到的是写景的句子,其实是景中含情,用王国维那句著名的话说就是(生一起)"一切景语皆情语"。还有同学要说吗?

生4:我觉得,把"三径"改成"小径"不好,从课文下面的注释来看,汉代蒋诩隐居后,在屋前竹下开了三条小路,只与隐士求仲、羊仲二人交往。后来"三径"就成了隐士住处的代称,我们可以从他的小序看到他隐居的决心,而改了就没有陶渊明隐居的意愿和隐士的气质了。

师:非常好!我们之前了解辞赋特点的时候知道了,有一点是善用典故。文章里有典故,典故里有故事、有诗文、有文化。所以我们读古诗文时会发现,认知背景越广,你读到的信息越多，对文章内涵的理解就越是深厚。所以，陶渊明在这里用"三径"这个典故表明自己远离官场、隐居田园的心志。还有吗？

生4：原文的"就"是"将要"，说明不是已经荒芜，而是快要荒芜，说明他做官的时间里没照料好自己喜欢的草木，而现在辞官了，他将把自己的心安放在小院里，这些花草在自己的精心调理下，也许会变得越来越好，越来越茂盛。

师：嗯，我回来对这些草木有多么重要啊。这里是两个时间副词，一个是"将要"，一个是"已经"，事实上陶渊明做官的时间很长吗？

生：不长。

师：是的，这次出门才八十来天。换成"已"就不恰切了，而且，"将要"荒芜的时候我就回来了，说明我的归来正是时候，我回来得太及时了。看来大家不同意修改的理由还是很充分的，那这句就不改了。

张艳艳悟课：任老师关于萧统在《陶渊明传》中所说的"其妻翟氏亦能安勤苦，与其同志"的补充非常关键，扩充丰富了文本内容，也验证了学生思维和答案的合理性。那份亲自探索亲手收获之感,是教师之前就走过的发现之旅,发现陶渊明的典故之蕴——三径,寄情之物——松菊。师生的逆向思维不可小觑,这源于平时的积累,平时敏感的认知和常常停留的思考,而副词"就"和"已"之别不难区分,难的是教师巧妙之改,学生慧眼之辨。

张萍悟课:任玲老师借助文字的魅力渗透人文情怀,引发学生对人生的感悟,对亲情的珍视,是直指人情人心人性的,是"立人"的过程。品味"三径"比"小径"好时,根据典故,学生能够一目了然,但她并没有点到为止,而是继续引领:"所以我们读古诗文时会发现……"这看似闲笔,不经意的点染,点石成金,化腐朽为神奇,瞬间点燃孩子们海量阅读和深度探究的激情。

师:再来看第三句。(PPT呈现)

登东皋以舒啸,临清流而赋诗。
登东皋以长啸,临奔流而赋诗。

(生几乎全部笑了起来)

师：大家别笑我啊，我是有理由的。"啸"是什么？是一种歌吟方式，类似于今天的吹口哨，据说魏晋时的名士最好这个。陶渊明回到田园，多自在啊，我觉得"长啸"这种感觉更能把吐一口气的畅快写出来，"奔流"多有气势啊。为什么笑呢？谁来说说？

生5：我觉得改得太野了。

师：可我就是要改出这种野性啊，回归山林，回归自然嘛。

生5：我觉得，改了把原来句子的韵味改掉了。"舒啸"与"长啸"虽然只是一字之差，意思也差不多，但舒啸给人一种飘逸的感觉，抒情，自然的感觉，长啸没有这种感觉。陶渊明的隐居，是对生活的一种体会和升华，他是一种淡雅的感觉。

师：找到感觉了，她说是"淡雅"的感觉。同学们还记得上《归园田居》的时候老师给你们讲过陶渊明的风格吗？人们喜欢用哪个词形容他的风格呢？（生一起）淡远。但这里老师一改，不淡了，浓了，不仅浓了，而且（学生说"野了"），壮了，或者像我们另一个班的学生回答的，改得粗犷了，这就不是陶渊明了。陶渊明不狂野，也不豪壮，他是安静的，宁静淡远的。老师把陶渊明改成一个豪放派了。

生6：我想说的是，"舒"字更能体现陶渊明那种生活的自由自在。

师：为什么呢？因为这个词能引起我们的联想，我们通常会想到——

生（一起）：舒服，舒适，舒展，舒畅，舒心。

师：是的。陶渊明此时的生活，真的是舒心舒畅舒展的，所以古诗文中的很多字眼都有暗示性，我们读出来了，就觉得它有味儿。所以意思尽管是一样的，带给我们的联想却不一样。还有吗？

王国敏悟课：长啸，畅快淋漓；舒啸，宁静自在。一个"舒"字意味深长：回归田园，有与亲人团聚的舒服，居住自家屋庐的舒适，与乡邻相处的舒展，陶醉自然的舒畅，脱离官场的舒心。

王敏锐悟课：何谓诗眼，学生怎么把握诗歌的思想感情，"舒"与"长"的比较，正是"片言可以明百意"，"刹那间见终古"。任玲老师说："因为这个词能引起我们的联想，我们通常会想到"，很平实却一语中的，这句话可以说是授之以渔，启人深思。

生：还有这个"清流"的"清"，更能体现陶渊明的那种高洁傲岸的节操。

师：嗯，"奔流"不仅豪壮，而且不符合陶渊明的内心，他的内心是清澈的，就像清流一样干净明澈。这样一改，是不是不符合陶渊明的性格了？陶渊明的性格很？

生：安静，平和。

师：我们小结一下，修改后有几个不好：第一，与陶渊明此时舒展而宁静的心情不符；第二，与陶渊明要表达的清新安静的意境不符；第三，与陶渊明平和恬淡的性格不符；第四，与陶渊明恬淡悠远的风格不符。陶渊明的文字是很有魅力的，除了这三个句子，你拿出文中的任何一个句子来体会，都会发现它是很有意味的。好的文字是有"情味"的。我年轻时教这篇文章，好像不太感觉怎么好，相反，我不知道怎么教更好些。但是，随着岁月的沉淀，我越来越喜欢这样的篇章，当我在每一句里都读出味道来的时候，就越发觉得它美。好的文字，是需要我们用心灵去体会的，而且不止一次、一个时段的体会，才更能懂得它。

王国敏悟课： "奔流"，豪气、壮观；"清流"，明澈、悠远。"清流"与"奔流"，不同的词语，风格与情感也自然不同。"好的文字是有'情味'的"，任玲老师紧扣"情味"，从心情、意境、性格、风格，引导学生读懂作品，读懂陶渊明。

师：我们就着往前走一步，看看后世对陶渊明的文字有怎样的评价。

（PPT 呈现）

欧阳修："晋无文章，唯陶渊明《归去来辞》而已。"

李格非："《归去来辞》，沛然如肺腑中流出，殊不见有斧凿痕。"

陆游："我诗慕渊明，恨不造其微。"

朱熹："渊明诗所以为高，正在不待安排，胸中自然流出。东坡乃篇篇句句依韵而和之，虽其高才似不费力，然已失其自然之趣矣。"（《朱子文集》）

师：后世对陶渊明的推崇程度，真的超乎了我们的想象。陶渊明的文字，是他内心深处自然流淌出来的清泉。"质性自然",是人的性格,也是文的风格。

张萍悟课:第一环节的教学,任玲老师以"文字游戏"的方式,从语言的角度来达成学生心智的成长,让学生心智与语言同步同域,相伴相生。鉴赏诗句最后,客观呈现后世对陶渊明的评价,让他"质性自然"的品质借助文字渗入学生的内心,培植了学生的情怀。

王敏锐悟课:欧阳修等人的评价耐人深思,陶渊明怎样的才华,令人高山仰止?欧阳修是克谨务实之大家,怎可能有溢美之词?这一造势很好,侧面衬托,对第二环节期待不已。

师:第二个环节,我还在篇章上做了手脚,要请大家再来看看,是不是这回能够赞同我的修改?

(PPT呈现)

归去来兮!请息交以绝游。世与我而相违,复驾言兮焉求?悦亲戚之情话,乐琴书以消忧。农人告余以春及,将有事于西畴。或命巾车,或棹孤舟。既窈窕以寻壑,亦崎岖而经丘。木欣欣以向荣,泉涓涓而始流。善万物之得时,感吾生之行休。

师：我想，这个篇幅有点长了，如果把中间部分删除一些，或许更加紧凑。从刚才大家的谈论中看，第二段是舍不得删除了，没有家的温情，陶渊明怎么回得去啊，再喊归去来兮也无处可归啊。那就删除上面PPT呈现的第三段吧，各位同意吗？

生：不同意。

师：嗯，不同意的说说理由。

生7：我觉得第二段是写归家的感受，第三段开始上升到一种生命的感觉，感觉到万物的生命，还感觉到自己的生命，这一段由上一段的生活，过渡到第四段的生命感受，就比较自然了。

师：好，这是一个理由，还有吗？

生8：我觉得有一句，"世与我而相违，复驾言兮焉求"，虽然第一段已经说了"既自以心为形役"，但没有具体说自己辞官是什么原因，这一段的这句话就直接说出来了，辞官是因为官场与我的秉性相违背。这是第一点。第二点是后面的"农人告余以春及，将有事于西畴"，还有接下来的几句，看似很普通的描写，但是，第二段写自己的生活，还显得有些空泛，加上这一段，立刻让人感觉到他生活的具体、真实与朴实。

师：具体表现在哪里？

生8：具体表现在耕田上。

师：你体会得很好，上一段写自己个人的生活感受，下一段却是农耕、田园生活，去掉这一段，就只是回家而不是回归田园了。大家请看（PPT呈现）：

（1）由家居到村居。家里家外，二者互为补充，使回归田园的生活更加完整。

（2）由个体到群体。由个人生活的自由愉悦，到乡村生活的耕种乐趣，使辞赋内容充满田园和农耕色彩，更多一层健康、质朴的内涵。

（3）由内心到自然。由内心自适，到真切地回归田园，投入自然。这是心灵与自然宇宙的融合与呼应，与"小序"中的"质性自然"及后文的"乘化归尽"一脉贯通。

师：第二段与第三段之间是存在着逻辑关联的，第三段关于田园生活的描写，也有更为深厚的内涵。同学们刚才说了，陶渊明并不是一个不食人间烟火的隐士，这一段是不是更写出了他的接地气，接人烟？

事实上陶渊明的隐居田园，跟其他许多隐士的生活是不一样的。我们的《导学案》上有一篇文章，是《从＜归去来兮辞＞看陶渊明的儒道合一》，推荐大家课后读一读，陶渊明的归隐，是对素朴生活的回归，而非对现实生活的逃避。陶渊明最了不起的地方正在于此。同学们，请再看他的其他一些诗篇。

（PPT 呈现《归园田居》其二，《归园田居》其三，《移居二首》其二，朗读。文字此处略去）

师：陶渊明的许多诗篇都是写耕种生活的。他像一个老农一样，对土地寄予一种愿望，一份深情，也悟出了许多哲理。不仅如此，写道和乡亲们在一起的生活时，他更是倾注感情的，有浓浓的乡土情，有醇厚的人情美。这是一种质朴而健朗的农耕生活。土地是能带给人哲理的。通常，能写的人，未必有如此真切的耕种体验。耕种的老农，体会到了却写不出来，而陶渊明是文化人，是极少数既真诚耕种又有能力把劳动体验和悟到的哲理表达出来的人，这是他的文字非常有价值的原因之一。所以，把田园的部分删除了，陶渊明就不再是陶渊明了。

王国敏悟课：陶渊明不仅是一个有气节的文人，更是对土地，对乡亲真正倾注感情的田园诗人。陶渊明的形象和价值定格于此。

张艳艳悟课：教师"删的段落"也不是随意而为，而是前面修改句子赏析外的段落，符合顺序逻辑，不会前后矛盾，且应为"精神转折"之段。而这，往往是分析的难点，我以为也是学生写作缺乏之思维。一石三鸟，教师之匠心让人赞叹不已。得出删段是归隐之"田园"，是让人踏实厚重，惜此时此身之最好归宿。它和下文的"精神上升"为前后衔接，自然生成。

师：这个问题我们到此为止。下面是第三个环节我做的尝试（PPT呈现）：

归去来兮，田园将芜胡不归？（既自以心为形役，奚惆怅而独悲？悟已往之不谏，知来者之可追。实迷途其未远，觉今是而昨非。）舟遥遥以轻飏，风飘飘而吹衣。问征夫以前路，恨晨光之熹微。

……

善万物之得时,感吾生之行休。

(已矣乎!寓形宇内复几时?曷不委心任去留?胡为乎遑遑欲何之?)富贵非吾愿,帝乡不可期。怀良辰以孤往,或植杖而耘耔。登东皋以舒啸,临清流而赋诗。聊乘化以归尽,乐夫天命复奚疑!

师:同学们请看开头和结尾,我觉得把括号中的一些散句删除掉,句子更整齐了,韵律更美了,回归田园的想法也更明朗一点,同学们同意吗?

(生因有难度,沉默)

师:同学们别看我,要看文字。看看删除的是些什么内容。

生:这些文字有内涵。

师:有内涵,这是一句正确的废话啊。(笑)关键是什么内涵呢?

生:有内心的想法。

师:还是不具体,什么想法?

生:内心的反思。

师:再找找,看看用什么词语来形容比较好。

生：内心的追问。

师：追问？有追问吗？

生：（齐）有。

师：是的，有。括号中的句子里头不是有好几个问句吗？这是对自己的生命价值的追问。还有吗？我们知道陶渊明断断续续做官13年，这段时间里，他三仕三去，有一种心情一直困扰着他，这是什么心情？

生：（部分学生）矛盾……（部分学生）犹豫……（部分学生）纠结。

师：很好啊，你看，就是一种纠结的心情。我们知道，一个人要寻到自我的价值，是一件艰难的事情，陶渊明也不例外。他不是第一次做官后就下决心说，我走吧，而是经过长时间的矛盾和犹豫，甚至内心的挣扎。如果没有挣扎，他为什么要说"奚惆怅而独悲"呢？回去就回去了，还"惆怅"，还有独自悲伤。其实，这样纠结的句子还有很多，比如？

生："胡为乎遑遑欲何之？"

师：我为什么还要整天心神不宁，我究竟还要到哪里去呢！在非常矛盾的时候，对自我生命的追问。包括"乐琴书以消忧"，"乐夫天命复奚疑"，说明他有"忧"，也有"疑"。

陶渊明纠结不纠结?

生:(笑)纠结。

师:陶渊明为什么纠结呢?你是陶渊明,来试着模拟一下他的纠结。(生笑)

王国敏悟课:一个"纠结"好凝重!陶渊明的选择经历了长时间激烈的内心挣扎。我们只有走进他的心灵世界,才能读懂他的坚贞!

生10:他一方面……

师:不要从旁叙述,你就是陶渊明了,你直接表达自己的纠结吧。(生笑)

生10:我年轻时也有过抱负,想为苍生做一番大的事业。但是,当我逐渐长大(生笑),发现这个理想实在是遥不可及。官场的黑暗使我无处容身。

师:还没有纠结。(生笑)

生10:我也想回归自然,但我还是想为天下百姓做点事。就这样放弃了,是不是有一点不负责任。

师:加一句,我不甘心啊!(生笑)这位同学从个人抱负以及责任的一面来表达纠结。他说年轻时候也有抱负，陶渊明有抱负吗？

生：有。

师：是的，有。他在诗文中屡次表达过志向，他对政治是有想法的，他把自己的政治变成了一篇美文，这就是大家初中时候学过的——

生：《桃花源记》。

师：他的理想国就是他在文章里描述的桃花源。在这里，人们崇尚劳动，辛勤耕种，黄发垂髫怡然自乐，这里和平安宁，没有争斗，充满浓浓的人情美。好，还有谁来表达一下他的纠结。

生11：老师，我的纠结和前面的同学不一样。

师：没关系，你纠结就好了。（生笑）

生11：我家里穷，我上有老下有小，几乎养不了全家。我离开官场，虽然自己是舒服了，其实自己也不舒服，没吃的嘛，（生笑）还连累家人。我这样做会不会太自私了呢？

师：唉，真纠结。这个纠结是实实在在的，我肚子也会饿啊，何况不止我一个人。好了，刚才两位同学从不同角度模拟了陶渊明的纠结，一个是为了志向，一个是为了家人。

那为什么陶渊明后来又说服自己了呢?同学们再试着模拟一下他走出纠结的心理过程。

生:贫穷,苦难,是我选择回归田园付出的代价。但是,这个代价换来的是心灵的快慰,是快意喝酒、弹琴读书、吟诗作文的自由。

师:是的。当我选择,我必承受。我知道自己将面临的艰难和清贫。但是,在物质的贫困和心灵的舒展自适两边,我选择后者。

生:生命诚可贵,爱情价更高。若为自由故,二者皆可抛。

王国敏悟课:读"乐琴书以消忧""乐夫天命复奚疑",联想现实,多少人迷失了自我,不知心归何处。对此,我们该想到什么?任玲老师让学生在思考中寻找人生答案,在对比中悟出人生根本,这才是经典语文的魅力。

张艳艳悟课:此"沉默"实为高潮,或高潮前的"浪潮",陶渊明之"挣扎""纠结""忧疑"被老师读出来,这需要怎样的身份投入!任玲老师比某些表演艺术家更能精研,陶渊明的不甘被她了然于胸,这真是令人向往啊。在让学生用语言表演人物上,和黄厚江老师教授《黔之驴》一样,其实是请学生融入作者的意图,笑骂乐忧附体,精神财富汲取的速度更快一些。

张萍悟课:任玲老师带领学生以生命体验的方式,来感悟陶渊明的纠结。这有效的刺激,让学生心有所动,大胆质疑,大胆表达,在司空见惯的生活中,收获独属自己的生命体验。最终琢磨出坚守质性自然的弥足珍贵,从而在学生的生命中培植了"不忘初心"的情怀。经过这样的熏陶、启迪,学生自然会"站在泰山之上""看到东海的日出"。

师:(学生掌声)哇!多好!所以陶渊明归隐了。我们小结一下。每一个人,要寻到自己,都要经过一番艰难的挣扎,矛盾,化解矛盾,走向决绝。陶渊明越是纠结,越说明选择的艰难。同时,他的质性自然、尊重自我、忠实心灵、珍视自由,才越显得弥足珍贵。被删除文字必须保留的原因(PPT呈现)如下。

当初的"脱然有怀",之后的身心煎熬,由此纠结了十三年的三仕三去的矛盾挣扎,再后来毅然决然地弃绝官场,欣然回归,直至将生命归于自然造化,过上顺应天命、宁静自适的田园躬耕生活。被誉为"隐逸诗人之宗"的陶渊明,成了以诗歌将拒绝官场的归隐意识作了真诚、深刻、全面表达的第一人。他真实透明、毫不隐晦地呈现自己的心路历程。

师：好，我们进入最后一个环节。有人担心陶渊明会给学生带来消极影响，请大家说一说，他会给你带来消极影响吗？

生12：我觉得不会。陶渊明生活的时代和我们不同，我们不需要像他那样做。

师：陶渊明生活的时代，用他的《感士不遇赋》里的句子形容，可谓"真风告逝，大伪斯行"，所以他的举动是对恶劣现实的不妥协。

生13：我觉得我不会受影响，因为，我觉得不是想做陶渊明就可以做的。

师：说得太好了。真成了陶渊明，那就不是消极了，那可真是了不起呢！不是每个人想当陶渊明就可以当的。劳动、自然、人文，构成陶渊明充实的全部生命，他首先有的是大把的才气，自然质朴的天性，超然淡远的定力，干净而充盈的心灵。

生14：我觉得有一点影响，不过，我还是不会像他那样做选择。

师：当然，奋斗是青春的主旋律嘛，我们有这么好的环境和条件，没有理由放弃自己的理想。只是有一点需要同学们明确，陶渊明的选择与有没有进取精神是两码事，相反，他"不戚戚于贫贱，不汲汲于富贵"的精神境界，在今天这个物欲横流的现实世界里有重大的意义。

师：萧统在《陶渊明传》里记载，陶渊明撂下一句"吾岂能为五斗米折腰向乡里小儿"，即日解绶去职。我觉得这与庄子钓于濮水，头都不回地拒绝楚王派大夫带来的令人艳羡的高位名利一样，与后世李白喊出的"安能摧眉折腰事权贵，使我不得开心颜"的铿锵之语，是相同的骨气。借林逋的话说，"陶渊明无功德以及人，而名节与功臣、义士等"。

（生认同）

师：当然，历代还是有不少人觉得陶渊明为官场的黑暗放弃自己的理想很不值得。我们来读一读下面这段话，以此结束这堂课的学习吧（PPT呈现）。

陶渊明的选择值与不值，这根本是一个没有意义的论题。归去来兮，是田园的召唤，更是诗人本性的召唤。陶渊明不是为留名而选择隐居的，他只是把"质性自然"的自己投放于深爱的素朴田园。他给我们的最大启示，就是尊崇自我心灵的取舍。他选择田园是快乐的，那份快乐是发自内心的。陶渊明不是谁都能做的。读陶渊明，不是要模仿他隐居田园，而是学会一种考量生命价值的方式——听从内心的呼唤，保有自由的天性，这不是对生命的不负责任，而是对生命的最大尊重和致敬。

王国敏悟课：任玲老师联系人生实际，强调"奋斗是青春的主旋律"。同时，她对比现实，让学生感悟陶渊明的选择，正是"名节与功臣、义士等"的骨气。这种骨气构成了我们应该拥有的底气，这种底气则是学生最好的精神食粮。

名师简介

任玲，语文特级教师，国家级骨干教师，享受省政府特殊津贴专家，曾获中语会全国"优秀语文教师"。参与云南省教科院组织的《初中语文必读课本》第三册、第四册编写工作，担任第四册副主编；在《人民教育》《中学语文教学》《语文学习》《语文报》等国家级、省市级报刊发表文章60余篇。主持云南省教育科研"十一五"第一批立项课题"亲近经典：语文专题阅读实践与校本教材开发"的课题研究工作。

"经典语文"的经典范例

陶渊明的《归去来兮辞》抒发了他回归田园时的愉悦心情以及田园生活的怡然自得,是告别官场的宣言,是生命意识觉醒的经典之作。让学生理解到这一高度,对老师来说是一次挑战。

在任玲老师这节课中,独到的提问方式,智慧的师生对话,都是值得我们学习和借鉴的。但更值得重视的是这节课教学思路,即如何引导学生探寻陶渊明的思想和情感的变化过程。这节课设置了四个环节,有序推进,使作品的意蕴逐渐得到彰显。

第一环节,任玲老师有意对文中句子进行"修改",让学生思考如此"修改"是否妥帖。三次"修改",着眼点各不相同。第一次"修改",让学生品味文字,感悟家的温暖;第二次"修改",揣摩文中意象和典故,领悟其高洁情怀和心志;第三次"修改",让学生从"舒啸""清流"入手,揣摩陶渊明"淡雅"的生活方式,干净明澈的心境,安静平和的性格。

　　精巧的设计,如没有思维的训练和智力的挑战,则可能导致审美疲劳。任玲老师的"修改",就是为了促使学生在推敲中思考,在思考中寻求答案。

　　作为经典课堂,文字的理解和品味,文学的欣赏和审美,文化的传承和渗透,都是不可缺少的。如果说第一环节是让学生品味词语和情感,那么,第二环节则重在梳理文本的逻辑结构,让学生体会其田园生活的怡然自得,理解陶渊明与一般隐士的不同,找到他回归的价值意义。第三环节又从"纠结"入手,引导学生走进作者的心灵世界。一个"纠结",突出了陶渊明人生选择的矛盾和痛苦。师生探讨更深入了,对作品内涵的挖掘也更深了。第四环节,任玲老师的拓展和归结,则是站在生命高度和哲学高度来拷问陶渊明的人生选择,不仅使这节课得到了完美演绎,也给学生留下了久久的回味。

应该说,这"四个板块"的设计,合乎人们的思维习惯,顺应了语文教育的规律。从词语到篇章,再到心灵世界探寻,最后联系当下的人生,内容拓展了,主题升华了。

这节经典课堂的价值,还在于细节推敲和方法选择。如采取"修改"文章的方式,激发学生探索的兴趣。课堂上,教师的引导点石成金,学生的回答妙语连珠,课堂上精彩纷呈。教师哲学高度的拷问,与教师育人意识的觉醒相得益彰。四个板块环环相扣,内容层层递进。这充分体现了很强的文本挖掘能力和资源整合能力。

任玲老师一直主张要用"最好的精神食粮滋养年轻的生命",从经典出发,达到立人目标。因为未来的学生,如同老师一样,随时都会遇到各种各样的人生选择。是流连官场,享受富贵生活;还是回归田园,忍受饥饿与贫穷的折磨,本身就是一对矛盾。现实与天性自由如同"鱼和熊掌"一样不可兼得。陶渊明的果断选择,无疑给我们树立了一个榜样。如果说,任玲老师一直追索着"经典语文",以教育行动来追求她的教育主张,而她这一节课何尝不是一节为我们提供"经典语文"的经典范例。

"读陶渊明,不是要模仿他的隐居田园,而是学会一种考量生命价值的方式——听从内心的呼唤，保有自由的天性，这不是对生命的不负责任，而是对生命的最大尊重和致敬！"通过任玲老师的总结，我们知道陶渊明毅然回归田园，其根本原因就在于他能够摒弃世俗的诱惑，听从心灵的召唤。

　　从"四个环节"一路走来，这一节经典课堂，告诉我们应该以经典教育为依托，从文字揣摩到生命关怀，注意科学设计和细节优化，而努力实现自己的教育目标。

本文作者：王国敏

用经典滋养生命

任玲老师在让学生感受辞赋美、文脉美、译文美的基础上,又带领学生体味问题美。本课学习内容大开大合,既深悟言辞之精确,又体验陶渊明恬淡坚守之品性。

体味言辞精确基于陶渊明清雅味淡的文风,其实不太容易发现其动人的地方,任玲老师在容易忽略之处下足了功夫。她利用古文省略主语的习性,把"携幼入室,有酒盈樽"巧妙"偷换"为一个主语,换成一个潇洒不拘的"闲步入室,把酒畅饮"的陶渊明;第二处换得更妙,"三径"换成"小径"尚能理解,"就"换成"已"是需琢磨的,"松菊"换成"桑麻"可有点冒险,虽前者能代表品性,但后面老师还要带领学生探讨陶渊明的田园躬耕生活容易被质疑。当然，学生回答得非常不错，都在老师的预设范围内。其实，我觉得还可以理解成松菊更为长存、美丽。

如果说前两个句子的改写颇显老师匠心，个人觉得能否让学生做第三个句子的改写，毕竟这个班应是任玲老师的"嫡系班"，应有此实力，除非老师有意概括陶渊明的品性而为之。因为，第三个句子改为"登东皋以长啸，临奔流而赋诗"，难度非常低，如果让学生自改一句，形式是否又一变，而依她的驾御能力完全可以完成此目的。当然，学生对"舒"字的"舒服，舒适，舒展，舒畅，舒心"的展开让人佩服。这也是随口就说的"舒展而宁静的心情""清新安静的意境""平和恬淡的性格""清淡悠远的风格"的翻版。

善于思考和行动且常总结的老师本身就是教育的财富。任玲老师的修改篇章段避开了上面修改句子所在的段落，以免前后矛盾，保留了"回家段"，选择了删掉"田园段"，捕捉到了作者除家庭之外的精神寄托——田园。语文即心性，即思想，即生活，即自己。这是有文脉的文章，陶渊明依赖田园，田园因其生辉。精心设置了问题，让学生有话说，并能去理解陶渊明的行为、想法。这是激发出了老师所期望的那种反应。能在所有学生身上唤起期望的经验，又要使经验多样化，可以选择也可以不选择做陶氏，乘势也相机引导：奋斗是青春的主旋律，我们有这么好的环境和条件，没有理由放弃自己的理想。这些学习经验使学生在从事目标所隐含的相关行为时获得了满足感，而这种满足感在很多老师的课堂常常是缺失的。

解决学生的"沉默"是最大的挑战，删掉散句保留整句后句子更整齐，韵律更美，回归田园的想法更明朗让学生一度沉默。有时沉默是一种需给予时间的可贵思考。如果这样的问题交给有经验的老师来答也未必立刻能找到答案，好在任玲老师用"正确的废话"调侃同学们的百思不解，引向内容上的"追问"，其实是作者的"忧""疑""惆怅"到"乐""舒"的追问获得。带领孩子们去发现，去习得各种美：语言的力量，思想的承载，细节的设计，作者的化身，知人和论世，吸取和辩证。

很喜欢任玲老师的"萌"："你们同意吗？鼓励一下我嘛""没关系，你纠结就好了""有内涵，这是一句正确的废话啊。（笑）关键是什么内涵呢？"这样萌萌的老师和学生走得近，和学生上课"玩"得欢，和学生"跑"得远，用经典把自己滋养得足够美丽。我们在陶渊明身上也应看到自己的影子，是不是把考试的成绩和物质的欲望看得轻一些再轻一些，把生命的超越和精神的自由看得更重要一些。

              本文作者：张艳艳

亦剑亦气，剑气合一

王崧舟老师说，同样是上课，缺乏生命修养的教师，上课只在焦虑地等待，等待学生回答的结果与"标准答案"相契合，在紧张的等待中，教学过程本身所具有的意义和价值全部让位于结果。而具有生命修养的教师，享受上课，和学生心心相印，一起打开课堂的每一个细胞，每一寸肌肤，去感受、触摸、体味，全然进入一种人课合一的境界。这就是"亦剑亦气，剑气合一"的境界。"剑"即研技，磨砺技巧；"气"即养气，养思想、内涵、内功。

观任玲老师的课堂，我充分感受到了这种"亦剑亦气，剑气合一"的境界。

一、观任玲老师课堂的"剑术"

这堂课的构建有序、渐进、系统。从第一环节的"句子的修改",到第二环节"篇章的修改",再到第三环节"散句的删除"模拟陶渊明的纠结,以至最后环节对陶渊明归隐价值的探寻。任玲老师带领学生对文本品味涵咏,始终保持着文本的整体美感、活力和魅力,激发学生的热情。源头活水,汩汩而来。

课堂的问题设置合理,让学生能准确定位思考方向,高效解读文本。具体说来,通过四个环节的问题设置,引领学生一步步品味渗透在文字中的情味儿:"携幼"中幼子倚门的渴盼,"盈樽"中妻子体贴入微的温情(家庭的温馨从侧面诠释了陶渊明的"归心情怀");感悟文本的思想内涵:"三径"和"松菊"中蕴含的陶渊明的高洁,走进他的精神世界,体味他平和恬淡、自然天成的风格。

任玲老师课堂的文本解读视点高,探寻角度多元。她高屋建瓴地带领学生对《归去来兮辞》进行层层深入的文本解读。由对文字的精雕细刻，到对篇章的深度打磨，对陶渊明"纠结"的再度认知，最后对陶渊明归隐价值探寻的拓展延伸，润物无声，深入浅出，引领学生对自我潜在精神力量的开掘，走向陶渊明质性自然的生命形式，达到了教育的高度境界。

纵观任玲老师课堂之"剑术"：她总是制造机会、情景、悬念，让学生与文本去接触、交流、相爱，达到语文课的本质——"学生与语文的接触"。如庖丁言："臣之所好者，道也，进乎技矣。"透过她审视教材，驾驭文本的"剑术"，我感受到了她"剑术"背后深厚的学养之"气"。

二、观任玲老师课堂之"气"

引领学生思想。品味"三径"比"小径"好时，据典故，学生能一目了然。但任玲老师并未点到为止，而是继续引领，看似闲笔，不经意的点染，瞬间点燃学生海量阅读和深度探究的激情。而阅读，正可为学生一生的成长打下精神底色，从语言的角度来达成心智成长的目的，积蓄语言与积蓄思想同步。

培植学生情怀。在第三教学环节，"带领学生模拟陶渊明的纠结"。有效的刺激，开启了学生心灵之门，让学生心有所动，大胆质疑，大胆表达，收获独属自己的生命体验。最终琢磨出坚守质性自然的弥足珍贵，在学生的生命中培植了"不忘初心"的情怀。

在第一环节的"文字游戏"中，注重激发学生性灵，引领他们体察世界，感悟生活，珍视亲情……让学生在思考现实人生的种种问题中，培养社会责任感和历史忧患感。苏霍姆林斯基说："只有当教师的视野比教学大纲宽广得无可比拟的时候，教师才能成为教育过程的真正能手、艺术家和诗人。"任玲老师正是具备了深厚学养的能手，能用最好的精神食粮滋养年轻的生命。

形成学生品格。课堂构建，问题设置，文本解读视点，处处让学生与语文紧密接触，获取"语文"的营养；同时，又处处对人关切、熏陶，处处"立人"。如任玲老师所言："我理想的语文，是蹚过精神的河，攀越思想的山，在攀越中感受语言无穷的魅力，在感受魅力中提升表达的智慧。以经典培养生命，以经典立心立人。"如此，为孩子们拓展了更广阔的精神领域，打下了更坚实的精神底子，保留了更灵动的自然心性，以更好地去选择自己的精神追求。

语文课堂"气"足了，剑法就能挥动自如，创新超越！唯有思想与技术交汇，方能绘就生动课堂的美丽风景。读任玲老师的文字"我生性迂腐，不善交际回应，但我总这样想：我要把师长、朋友、亲人给予我的恩惠，变成最好的品质，去扶持更多的人，以此为报"时，忍不住泪目。

我想，这就是任玲老师课堂"剑气合一"的根基吧！

本文作者：张萍（四川）

此日中流自在行

读完任玲老师的课例，久久不能平静。教师独具匠心的设计，不疾不徐、运筹帷幄的引导，环环相扣的教学细节的把握，学识深厚的文学修养都令人对教学产生敬畏之心。课堂的深入浅出、激活思维、探究深思也深深触动了我。

一、空山多积雪，独立君始悟

诗歌教学或者古代文学作品的教学中，我常常困惑的一个方面就是找不到解读文本的切入点，也尝试诸多，但总觉得自己的教学设计或平铺直叙，或拖沓烦冗，总之乏善可陈。任玲老师的课，启发了我在诗歌教学设计中的一个方向，一个很好的具体可行的教学方法——比较阅读法。它在教学中运用，很直观，教学目的明确，学生思考有方向，有思考点，有抓手，很容易深入文字中体会到文字和文章的情感内涵。当看到任玲老师运用比较阅读法来设计赏析第一环节时禁不住赞叹设计的巧妙。学生思路的开阔，联想的丰富也得益于教师这一方法"导"得精妙。

纵观本课的教学设计，有四个教学环节，第一环节是通过词的比较，理解句意、典故和情感，但问题就是这是浅层次的鉴赏诗歌，不是赏析"陶渊明"特色的诗歌，任玲老师很好地引用了欧阳修等四人的评价，为第二环节造势。

第二环节是通过段的删除，通过比较来理解文意，进而理解陶渊明归隐的实质，是归隐田园而不是思家念家，是归隐而不是逃避，这就已经把陶渊明独特的思想和人格魅力置于云层之中。果然，在任玲老师的引导下，学生对于陶渊明的解读已经令人耳目一新，第三环节也就呼之欲出。

第三环节重在对陶渊明内心世界的挖掘，纠结矛盾的探究，于是，一位质性自然、尊重自我、忠实心灵、珍视自由的真实与伟大的诗人凛凛生威。

第四环节设计得非常有实际意义，教师设问"陶渊明的归隐消极与否"，而在其中蕴含的"不戚戚于贫贱，不汲汲于富贵"的精神坚守，是最丰厚、最有时代意义的精神滋养。

我认为，所有的和谐都建立在任玲老师对文本渗透的解读和独立的思考与感悟的基础上，是冰山"八分之一"文字和形象的把握和水下"八分之七"情感和思想的解读，才有了一对一的感动。有了一生二、二生三、三生无穷的感发，这也许就是所说的"空山多积雪，独立君始悟"。

二、欲识道人藏秘处，一壶天地小于瓜

诗文洋洋洒洒，哪里才是解读的切入点？在比较中找到切入点，设置好比较点尤为重要，牵一发而动全身。任玲老师的课设计了三处比较阅读点来解读文本，一改在文字，在情；二改在体物，在意；三改在诗眼，在神。这个设计难得的是找到切入点。哪三个句子能当此重任，怎么改，怎么比才能尽得其神？我想，研读文本，解读教法也是我以后备课努力的方向。

诗歌讲究"情动于中"，我觉得这个"动"最重要，想要学生情动，就要发现深知诗人的"动"之所在，还要设计

好动。如果说洋洋洒洒的诗文充满了情意，那么任玲老师在充分解读文本，独立思考后，找到这座"空山"的登山之路。通过"携幼——闲步""有——把""盈樽——畅饮"的比较鉴赏，引导学生结合自己的经历去主动体会文字后面的情意，激发了学生对于文字中人性人情的思考。

陶渊明能成为一个大诗人，他的志意体现在哪里？如何将这位诗人丰富的内心世界和高尚的道德操守充分诠释，让学生体会并为之感动？"三径与小径""桑麻与松菊"给了我一个很好的启示，切入点要小，要典型，正所谓"欲识道人藏秘处，一壶天地小于瓜"。

三、向来枉费推移力，此日中流自在行

本节第一环节比较阅读的设计虽然精妙，但都是只言片语看诗人，并没有真正走进诗人的内心，读懂陶渊明的哲思与质真，在第二个和第三个教学环节中。任玲老师从大处着眼，环环相扣，由"语句"到篇章，由小法到大法，由小道到大道，进一步引导学生感知陶渊明真正的人格魅力与诗歌魅力，并为之感动，可谓是神来之笔。

怎么去理解陶渊明的归隐？怎么去理解他的理想？又怎么去理解他的品格与志意？第二环节和第三环节的段落删除的设计恰恰反其道而行之，使学生更为关注了陶渊明归隐的本质。陶渊明在伟大之中真实的困扰和纠结，关注了诗歌的情意，诗人的心灵。"一种考量生命价值的方式"将课堂的深度推向极致。由文句到篇章到诗人的解读一气呵成，举重若轻，却又让人觉得设计的精巧出人意料。

在教学中，只有春水生，方能巨舰轻，"此日中流自在行"的境界令人心生向往的同时，却让我仿佛看到了任玲老师淡泊、冷静而又葆有童稚之心的形象。

本文作者：王敏锐

悟 课 人

安徽省合肥市定远英华中学　王国敏
山东省青岛市西海岸新区实验中学　张艳艳
四川省宜宾市第六中学　张　萍
黑龙江省牡丹江市第二中学　王敏锐